MISISCA REMO

I0473920

Quickly Learn

the European Computer Driving Licence

Concetti di Base delle Tecnologie della Comunicazione e dell'Informazione (ICT)

Syllabus 5.0

AICA
Associazione Italiana per l'Informatica
ed il Calcolo Automatico

SOMMARIO

MODULO 1	Concetti di Base delle Tecnologie della Comunicazione e dell'Informazione (ICT)
	Syllabus 5.0

Concetti di Base delle Tecnologie della Comunicazione e dell'Informazione (ICT)

Il seguente Libro della collana "Quickly Learn" riguarda il Syllabus 5.0 -Modulo 1 "Concetti di Base delle Tecnologie della Comunicazione e dell'Informazione (ICT)".

Gli argomenti trattati permetteranno al lettore di acquisire velocemente le varie i concetti fondamentali delle Tecnologie dell'Informazione e della Comunicazione (ICT) ad un livello generale e conoscere le varie parti di un computer necessarie per superare l'esame ECDL corrispondente.

In particolare il lettore sarà in grado di:
* Comprendere cosa è l'hardware, sapere cosa sono le periferiche e valutare le prestazioni di un computer.
* Comprendere cosa è il software e cosa sono le applicazioni di uso comune e del sistema operativo.
* Comprendere cosa sono le reti informatiche , il loro utilizzo e conoscere le diverse modalità di collegamento a Internet.
* Comprendere cosa sono le Tecnologie dell'Informazione e della Comunicazione (ICT) e la loro applicazione pratica nella vita quotidiana.
* Comprendere le problematiche di igiene e sicurezza associate all'utilizzo dei computer.

- Riconoscere importanti problematiche di sicurezza informatica associate all'utilizzo dei computer.
- Riconoscere importanti problematiche legali relative al diritto di riproduzione (copyright) e alla protezione dei dati associate all'utilizzo dei computer.

1.0 – Fondamenti

1.0.1 Algoritmi

1.0.1.1 Definire il termine "algoritmo".

In informatica, il termine algoritmo indica un procedimento che risolve un determinato problema mediante l'esecuzione si un numero finito di operazioni. Un problema risolvibile mediante un algoritmo si dice computabile e deve rispettare le seguenti regole:

- Le operazioni sono realmente eseguibili
- Le operazioni devono essere "elementari", ovvero non ulteriormente scomponibili (*atomicità*);
- Le operazioni devono essere espresse sempre in modo che non vi siano ambiguità (*non ambiguità*);
- Il numero di operazioni da eseguire e la quantità di dati in ingresso devono essere finiti (*finitezza*)
- l'esecuzione deve portare ad un risultato in un tempo finito (*terminazione*);
- l'esecuzione deve portare ad un risultato certo ed univoco (*effettività*);
- ad ogni operazione, la successiva deve essere una ed una sola, ben determinata (*determinismo*).

1.0.1.2 Algoritmo per la di risoluzione di un semplice problema.

Gli algoritmi dunque, possono essere descritti elencando le varie operazioni da seguire una dopo l'altra, definendo la prima e l'ultima operazione. Ad esempio se dobbiamo determinare il valore minimo di tre numeri , possiamo definire il seguente algoritmo:

- Leggi il primo numero A
- Leggi il secondo numero B
- Leggi il terzo numero C
- Confronta A con B e se A<B allora A è il minimo e memorizzalo in Xmin altrimenti B è il minimo e memorizzalo in Xmin.
- Confronta Xmin con C e se Xmin < C allora Xmin è il minimo altrimenti C è il minimo e memorizzalo in Xmin.

- Stampa Xmin.

1.0.1.3 Rappresentare algoritmi mediante diagrammi.

La modalità descrittiva degli algoritmi spesso risulta complessa al verificarsi di particolari condizioni nell'esecuzione di operazioni alternative. Per meglio comprendere e definire gli algoritmi viene utilizzato un metodo per rappresentarli graficamente.

La rappresentazione grafica degli algoritmi in informatica si realizza tramite i Diagrammi di Flusso (detti anche diagrammi a blocchi).

Un algoritmo viene strutturato in vari blocchi di istruzioni. Operando graficamente con i diagrammi si ottiene una maggiore leggibilità dello stesso. Inoltre i vari blocchi possono contenere operazioni diverse : sequenziali, condizionali, iterativi. Infine le operazioni di lettura e scrittura e di assegnamento di valori possono essere considerati come dei blocchi sequenziali non ulteriormente divisibili in altre operazioni.

Un blocco corrisponde ad una azione (**blocco di azione**) da eseguire alla quale possono seguire altre operazioni e dunque blocchi sequenziali , condizionali o iterativi.

Capita spesso però di dover decidere tra due o più azioni da compiere in base al verificarsi di una determinata condizione. Tale blocco per le condizioni (**blocco di controllo o condizionale**)viene rappresentato con un rombo con un collegamento in ingresso e due o tre collegamenti in uscita. All'interno del blocco viene scritta la condizione da verificare, dagli altri vertici escono due o tre linee per le azioni da compiere a seconda dell'esito della condizione.

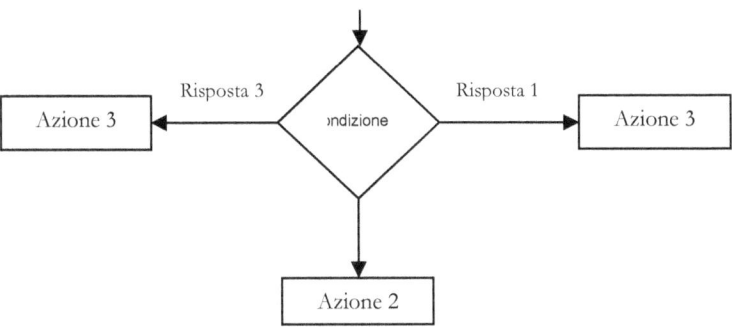

Un blocco particolare è rappresentato dal blocco per la lettura dei dati (**blocco di lettura/scrittura**). Ha la forma del blocco di azione leggermente schiacciato ed ha un solo collegamento in entrata (**lettura**) o in uscita (**scrittura**).

Vi sono poi i blocchi a forma di ellisse che rappresentano il punto di partenza dell'algoritmo (**blocco iniziale**) ed uno dei punti in cui l'algoritmo deve concludersi (**blocco finale**).

I vari blocchi sono tra loro collegati tramite le linee di collegamento. Queste hanno sempre la direzione in cui devono essere percorse. Non è possibile che da una linea di collegamento ne possa partire un'altra a tutte devono partire da un qualche blocco. E' possibile invece, che due linee si congiungano.

Facciamo ora un piccolo esempio di algoritmo.

Calcolo del massimo tra due numeri.

1. Leggi un numero dall'esterno e mettilo nella variabile X.
2. Leggi un numero dall'esterno e mettilo nella variabile Y.
3. Calcola la differenza d fra x e y e mettila nella variabile z
   a. Se (z > 0) allora stampa "il massimo è X", altrimenti stampa "il massimo è Y".

Ora di seguito rappresentiamo il diagramma di flusso dell'algoritmo.

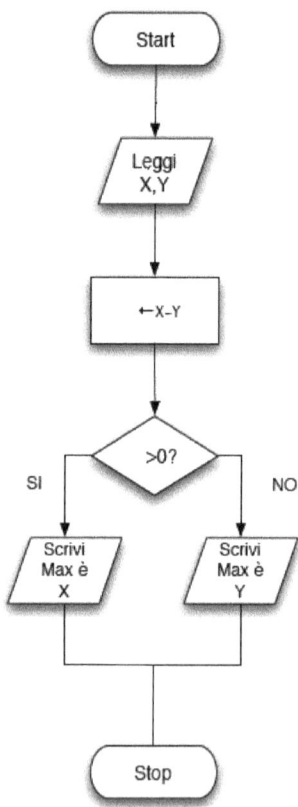

1.0.2 Rappresentazione dei dati

1.0.2.1 Effettuare correlazioni fra i sistemi di numerazione decimale e binario, convertire numeri dall'uno all'altro sistema.

Il segnale analogico è una modalità di rappresentazione di variabili fisiche (tempo,temperatura, suono…) in cui una grandezza fisica è rappresentata mediante un segnale legato alla prima da una relazione d'analogia. Questo segnale varia in modo continuo assumendo tanti valori quanti sono quelli assunti dalla grandezza fisica. Il segnale analogico è quindi un segnale che varia con continuità nel tempo. Il segnale digitale è invece una modalità di rappresentazione di variabili fisiche nel quale la grandezza fisica è rappresentata da valori numerici (dall'inglese digit = cifra) che variano in modo discreto. Il segnale digitale in pratica può assumere soltanto un numero finito di valori su un tempo finito. Poiché tali valori sono numerabili, il segnale prende anche il nome di segnale numerico.

Questo è il tipo di segnale che può essere elaborato da un sistema informatico e trasmesso tramite un moderno sistema di trasmissione digitale.

1.0.2.2 Rappresentare i caratteri in forma binaria. Definire le nozioni di bit e di byte.

Solitamente l'informazione a disposizione non si trova già in formato digitale, ma deve essere trasformata per essere rappresentata in questa modalità.

Il bit

Il modo più semplice per capire cos'è un bit è quello di confrontarlo con i numeri decimali. Un numero può contenere valori da 0 a 9. Normalmente i numeri sono combinati insieme per creare dei numeri più grandi. Per esempio 6537 ha 4 numeri che lo compongono: il 7 che rappresenta le unità, il 3 le decine, il 5 le centinaia e il 6 le migliaia.

Potremmo quindi scrivere lo stesso numero in questo modo:

(6*1000) + (5*100) + (3*10) + (7*1) = 6000+300+50+7 = 6357

Un altro modo per esprimere lo stesso numero potrebbe essere quello di scriverlo in Base-10, ovvero usando l'elevazione a potenza (rappresentata con il simbolo ^):

(6*10^3) + (5*10^2) + (3*10^1) + (7*10^0) = 6000+300+50+7 = 6357

Per effettuare il calcolo basta moltiplicare ogni singola cifra per 10 elevato alla posizione della cifra (partendo dalla posizione 0 per le unità). Nel nostro caso quindi abbiamo moltiplicato 10^0 per 7, 10^1 per 3, 10^2 * 5 e 10^3 * 6.

Ovviamente quando contiamo o usiamo i numeri non pensiamo minimamente alla numerazione in Base-10, ci viene naturale forse perchè abbiamo 10 dita ed impariamo a contare con quelle fin da piccoli.

Provate però a pensare cosa sarebbe successo nella storia dell'uomo se esso avesse avuto solo 8 dita! Forse adesso useremmo una numerazione in Base-8. Ad ogni modo, ci sono delle situazioni in cui la Base-10 è piuttosto scomoda e quindi ne vengono usate altre per convenienza.

I computer quindi usano le cifre binarie al posto di quelle decimali. La parola BIT è appunto l'acronimo della parola inglese Binary digIT. Se la Base-10 usa quindi 10 cifre (0,1,2,3,4,5,6,7,8,9) la Base-2 ne usa solamente 2 (0,1). Un numero binario è quindi composto solo di cifre 0 e 1 (ad esempio 1011). Come è possibile però capire il valore del numero 1011 ?

Ovviamente non è milleundici come in Base-10 ma possiamo ricostruire il vero valore allo stesso modo visto già per i numero decimali, ovvero usando l'elevazione a potenza in Base-2 invece che in Base-10.

(1*2^3) + (0*2^2) + (1*2^1) + (1*2^0) = 8+0+2+1 = 11

Bytes

I Bit rappresentano l'unità di misura fondamentale in un computer ma raramente hanno un senso se sono da soli. Nel 99% dei casi essi sono raggruppati in serie da 8 e sono chiamati Bytes.

Un byte quindi è una serie di 8 bit. Con esso è possibile rappresentare un massimo di 256 valori, da 0 a 255.

In alcune circostanze, ad esempio per campionare la musica nei files Wav o Mp3 vengono usati 2 bytes ovvero 16 bits con cui è possibile rappresentare numeri da 0 a 65535.

ASCII

Nei computer, i caratteri vengono codificati usando il codice ASCII che assegna un codice di 8 bits ad ogni simbolo. Ad esempio il codice ASCII 97 (01100001 in binario) rappresenta la lettera a. In questo codice standard tutti i caratteri sono trattati allo stesso modo, quindi anche quelli usati più frequentemente (ad esempio la e o la a) vengono codificati come quelli usati più raramente (ad esempio il carattere ü). Un file di 100 caratteri quindi occuperà sempre 800 bits (8 bits * 100 caratteri = 800) sia esso composto da 100 caratteri differenti piuttosto che da 100 identici.

I byte sono generalmente usati per contenere caratteri in un documento di tipo testo. Per rappresentare i singoli caratteri in un file, viene usata la tabella ASCII in cui ogni valore tra 0 e 127 rappresenta un carattere alfanumerico. In alcuni computer il codice ASCII viene esteso anche oltre i 127 bytes in modo da rappresentare altri caratteri (generalmente quelli stranieri).

1.0.2.3 Rappresentazione delle immagini digitali.

Immagini e suoni sono fenomeni che sembrano intrinsecamente analogici, nei quali cioè abbiamo a che fare con sfumature continue (di colori, di tonalità). Vediamo adesso come si possono rappresentare in formato digitale le immagini.

Per digitalizzare un'immagine, il primo passo è proprio quello di sovrapporre all'immagine analogica (ad esempio una fotografia) una griglia fittissima di minuscole cellette. Ogni celletta sarà considerata come un punto dell'immagine, chiamato pixel (picture element).

Naturalmente, a parità di immagine, più fitta è la griglia, più piccole saranno le cellette, e migliore sarà l'illusione di un'immagine continua. In questo modo, abbiamo sostanzialmente 'scomposto' l'immagine in tanti puntini, abbiamo cioè operato l'operazione di campionamento.

Ma non abbiamo ancora risolto il problema della quantizzazione e codifica digitale. Per farlo, occorre un passo ulteriore: rappresentare i puntini attraverso numeri. Come procedere? L'idea di base è semplice: utilizzare anche qui una tavola di corrispondenza, che faccia corrispondere numeri a colori diversi, o a sfumature diverse di colore.

In definitiva, si ha che il prodotto tra risoluzione dello schermo e numero di colori utilizzabili fornisce la quantità di memoria necessaria per rappresentare graficamente il contenuto dello schermo del computer.

I primi personal computer con capacità grafiche, all'inizio degli anni '80, utilizzavano griglie molto larghe (i pixel sullo schermo del computer più che a minuscoli puntini corrispondevano a grossi quadrati) e i colori codificati erano molto pochi (solo il bianco e nero, o al più 8 o 16 colori diversi). L'effetto non era un granché, ma i bit utilizzati per rappresentare l'immagine non erano troppo numerosi. Ad esempio, una griglia di 80 colonne per 60 righe comprende 80x60=4800 pixel, e se ci limitiamo a due colori (bianco e nero) possiamo rappresentare ogni pixel attraverso un solo bit: l'"1" potrà rappresentare il nero e lo '0' il bianco. Con 4800 bit avremo dunque codificato un'immagine, anche se solo in bianco e nero, e ben poco definita.

Se abbiamo a disposizione un numero maggiore di bit, potremo rendere più fine la griglia, oppure aumentare il numero dei colori, o fare tutte e due le cose insieme. Così, se ad esempio per ogni celletta decidiamo di spendere 8 bit (e dunque 1 byte) anziché 1 bit soltanto, anziché usare solo il bianco e nero potremo codificare 256 colori diversi.

Quando si parla di immagini a 256 colori (o a 8 bit), ci si riferisce proprio a un'immagine la cui palette di colori (ovvero l'insieme dei colori utilizzati), è codificata in questo modo. Se di bit ne possiamo spendere 16, avremo a disposizione 65.536 colori diversi, e così via. Certo, con l'aumento della risoluzione e la crescita del numero dei colori codificati, il numero di bit necessario a rappresentare la nostra immagine sale molto: supponiamo di voler utilizzare una griglia di

800 colonne per 600 righe (è una risoluzione assai diffusa per i personal computer), e di destinare a ogni celletta, a ogni pixel, 24 bit (il che ci consentirà di distinguere la bellezza di oltre 16 milioni di sfumature di colore). I bit necessari per rappresentare una singola immagine diventano 800x600x24 = 11.520.000.

1.0.3 Linguaggi

1.0.3.1 Differenza tra linguaggio naturale e linguaggi di programmazione.

Linguaggio naturale e linguaggio macchina. L'ELABORATORE poiché è una macchina non specializzata non è in grado di eseguire nessuna operazione se non gli vengono fornite tramite un algoritmo tutte le operazioni da fare. L'insieme delle istruzioni che vengono date all'elaboratore per essere eseguite vengono definiti programmi.

L'uomo però per poter comunicare con la macchina elaboratrice lo deve fare attraverso dei formalismi che assumono la forma di un linguaggio. Questi sono appunto i linguaggi di programmazione.

C'e' però da fare una netta distinzione tra il linguaggio naturale utilizzato dall'uomo ed i linguaggi di programmazione.

Il **linguaggio naturale** ha come vantaggio principale la ricchezza espressiva, di contro però può risultare ambiguo e ridondante. Gli algoritmi abbiamo visto che non hanno questi svantaggi.

L'elaboratore non è in grado sicuramente di eseguire operazioni ambigue. Pertanto deve utilizzare un linguaggio diverso detto **linguaggio macchina** che ha le seguenti caratteristiche:

- Vantaggi:
  - o Legato alla struttura fisica del Calcolatore (CPU) e dunque diverso da elaboratore ad elaboratore.;
  - o Potente e veloce perché è un codice binario e direttamente comprensibile per la CPU che lo esegue direttamente;
- Svantaggi:
  - o • Programmi lunghi e di difficile scrittura;
  - o • Difficoltà di messa a punto dei programmi.

Per questi motivi sono stati inventati dei linguaggi di programmazione più vicini al linguaggio naturale.

Innanzitutto dobbiamo definire il concetto di programma.

Un **programma** è formulazione di un algoritmo nei termini di un linguaggio di programmazione.
Un linguaggio di programmazione è un linguaggio intermedio fra il linguaggio macchina e il linguaggio naturale e :

- Descrive gli algoritmi con una ricchezza espressiva comparabile con quella dei linguaggi naturali, ma non è ambiguo;
- Descrive gli algoritmi in modo rigoroso.

Per fare ciò c'e' una metodologia.

Partendo da un determinato problema da far risolvere ad un elaboratore dobbiamo procedere ad una analisi del problema stesso. Dall'analisi si passa a formalizzare un algoritmo con i diagrammi a blocchi visti in precedenza. A questo punto si passa alla fase di programmazione ossia si produce un programma in un determinato linguaggio di programmazione.

Tale programma sarà dunque elaborato dal computer e produrrà i risultati attesi.

Ma come fa la CPU ad elaborare un programma se l'unico linguaggio compreso è quello del linguaggio macchina? Ogni linguaggio di programmazione deve avere un traduttore che traduce il programma dal linguaggio di programmazione al linguaggio macchina comprensibile dalla CPU.

Esistono due tipologie di **linguaggi di programmazione** :

- **Linguaggi ad alto livello** (orientati all'uomo)
  Questi necessitano di compilatori o interpreti per essere tradotti in linguaggio macchina.
- **Linguaggi a basso livello** (linguaggi tipicamente in assembler orientati alla macchina).
  Questi invece necessitano degli assemblatori per essere tradotti in linguaggio macchina.

1.0.3.2 Operatori logici (AND, OR, NOT) nell'informatica.

Per poter dialogare con l'elaboratore e risolvere problemi poco complessi, possiamo utilizzari alcuni linguaggi molto semplici da comprendere e scrivere e molto vicini al linguaggio naturale. lTipico esempio, sono i motori di ricerca internet ed i motori di interrogazione delle banche dati (Database Relazionali). Di questa ultima categoria fà parte il linguaggio SQL (Structured Query Language) nato in ambiente IBM nel 1974, all'interno di un progetto che prevedeva la creazione di un linguaggio di interrogazione per il DBMS relazionale System R.
Le caratteristiche principali dell'SQL è che non si tratta di un linguaggio procedurale , ossia le istruzioni non contengono sequenze, cicli o test, ma permettono una descrizione parlante e diretta diretta di cosa si vuole ottenere e non come.

Ad esempio, se abbiamo un anagrafica cliente , possiamo interrogare il sistema chiedendo di trovare tutti i clienti di cognome "Rossi" e di nome "Mario" e che siano residenti nella città di "Roma" o "Milano".
seleziona dalla ANAGRAFICA_CLIENTI dove (COGNOME = 'Rossi' e NOME = 'Mario') e (RESIDENZA = 'Roma oppure 'Milano').

Questi linguaggi fanno uso degli operatori logici AND, OR, NOT che godono permettono delle ricerche con risultati diversi.
Esempio : Supponiamo di voler cercare in un archivio dei clienti. I dati in nostro possesso sono il Cognome = 'Rossi' ed il nome ='Mario'.
Pertanto se usiamo i vari operatori logici avremo:
- **AND** : Cognome='Rossi' **and** nome='Mario'
  Trova tutti i clienti con cognome e nome dati.
- **OR** : Cognome='Rossi' **or** nome='Mario'
  Trova tutti i clienti con cognome 'Rossi' e / oppure con il nome 'Mario'.
- **NOT** : **not** Cognome='Rossi'
  Trova tutti i clienti con cognome non uguale a 'Rossi' ossia con il cognome diverso da 'Rossi'

1.0.3.3 Distinguere fra linguaggio macchina e linguaggi procedurali.

Il **linguaggio macchina** o **codice macchina** è il linguaggio in cui sono scritti i programmi eseguibili per computer. Può venire classificato come **linguaggio di programmazione**, sebbene quest'ultima espressione sia più spesso riservata per indicare i linguaggi di alto livello con cui si scrivono programmi non direttamente eseguibili, ma che richiedono una **traduzione** in linguaggio macchina, per esempio per mezzo di un **compilatore**.

Il linguaggio macchina è basato su un alfabeto detto binario perché comprende due soli simboli, generalmente indicati con 0 e 1. Un simbolo di questo alfabeto viene detto bit. Il processore o CPU è quella componente hardware di un computer che è in grado di eseguire i programmi scritti in linguaggio macchina. In altre parole in linguaggio macchina sono definite l'insieme di istruzioni fondamentali che un processore è in grado di compiere (instruction set) in cui i codici di programmi da eseguire devono essere tradotti. In particolare i linguaggi a più alto livello si ottengono come semplice codifica (tabella di associazione) a partire dal linguaggio macchina in un crescendo di astrazione.

La **programmazione procedurale** è un **paradigma di programmazione** che consiste nel creare dei blocchi di codice, identificati da un nome e racchiusi da dei delimitatori, che variano a seconda del linguaggio di programmazione; questi sono detti anche **sottoprogrammi** (in inglese **subroutine**). Questi blocchi possono assumere i nomi di procedure o funzioni, a seconda del linguaggio e dei loro ruoli all'interno del linguaggio stesso. Il nome deriva dal linguaggio COBOL, che è stato il primo ad utilizzare questo concetto. Questi blocchi possono essere dotati di parametri, cioè variabili locali i cui valori vengono forniti dall'esterno del blocco di codice ed eventualmente esportati; esistono due tipi di parametri: quelli di tipo valore e quelli di tipo variabile; nei primi viene passato un valore che, se modificato, non viene comunque salvato al termine del sottoprogramma; nel tipo variabile invece, viene comunicato l'indirizzo al quale troviamo l'informazione, che può quindi essere modificata effettivamente e permanentemente. All'interno di un sottoprogramma possiamo generalmente definire delle variabili locali, che vengono deallocate al termine del sottoprogramma stesso; il loro contenuto viene quindi perso se non salvato o trasmesso altrimenti. In **Pascal**, le procedure sono distinte dalle funzioni perché non restituiscono un valore associato al nome della procedura stessa, e non possono quindi apparire a destra di una istruzione di assegnazione; i blocchi di codice sono racchiusi tra un Begin (parola riservata) ed un End; (il punto e virgola fa parte dell'istruzione). In **Linguaggio C** esiste solo la function, che può o meno restituire valori; lo stesso dicasi per il **Java** ed il **PHP**; i blocchi sono racchiusi tra parentesi graffe. In **Visual Basic** abbiamo procedure(Sub) e funzioni, il cui codice è strutturato nel seguente modo:

Per le procedure:

> **Sub** *NomeProcedura(Lista parametri)*
> *Dichiarazioni e Istruzioni*
> **End Sub**

Per le funzioni:

> **Function** *NomeFunzione(Lista parametri)* **As** *TipoDiRitorno*
> *Dichiarazioni e Istruzioni*
> **Return** *Espressione*
> **End Function**

Un **Linguaggio di Programmazione Visuale** (**Visual Programming Language V.P.L.**) è un linguaggio che consente la programmazione tramite la manipolazione grafica degli elementi e non tramite sintassi scritta. Un VPL consente di programmare con "espressioni visuali" ma anche all'evenienza di inserire spezzoni di codice (solitamente questa funzione è riservata a formule matematiche). La maggioranza dei VPL è basata sull'idea "boxes and arrows" ovvero le "box" (o i rettangoli le circonferenze ec...) sono concepiti come funzioni connesse tra di loro da "arrows", le frecce.

I VPL possono essere ulteriormente classificati, a seconda di come rappresentano su schermo le funzioni, in icon-based, form-based , o linguaggio a diagrammi. L'ambiente per la programmazione visuale provvede tutto il necessario per poter "disegnare" subito un programma; in rapporto ai linguaggi scritti le regole sintattiche sono praticamente inesistenti.

I vantaggi della programmazione visuale sono incredibili, oltre ad una facilità di apprendimento e alla capacità di poter "vedere il programma" durante le fasi debug, la programmazione parallela (se gestita dal software) diviene quasi "istintiva" e soprattutto eseguita in automatico.

La **programmazione orientata agli oggetti** (OOP, Object Oriented Programming) è un **paradigma di programmazione**, che prevede di raggruppare in un'unica entità (**la classe**) sia le **strutture dati** che le **procedure** che operano su di esse, creando per l'appunto un "**oggetto**" software dotato di proprietà (**dati**) e metodi (**procedure**) che operano sui dati dell'oggetto stesso.

La **modularizzazione** di un programma viene realizzata progettando e realizzando il codice sotto forma di classi che interagiscono tra di loro. Un programma ideale, realizzato applicando i criteri dell'OOP, sarebbe completamente costituito da oggetti software (istanze di classi) che interagiscono gli uni con gli altri.

La programmazione orientata agli oggetti è particolarmente adatta a realizzare interfacce grafiche (**GUI**).

1.0.3.4 Scrivere un semplice programma con l'uso di pseudo linguaggi.

Un pseudolinguaggio è un linguaggio che , utilizzando un linguaggio simile a quello naturale, traduce un algoritmo e dunque un diagramma a blocchi o diagramma di flusso con un formalismo simile ad un linguaggio di programmazione.

Un esempio di pseudo linguaggio potrebbe essere l'algoritmo per il calcolo del massimo tra due numeri visto in precedenza.

1. Leggi un numero dall'esterno e mettilo nella variabile X.
2. Leggi un numero dall'esterno e mettilo nella variabile Y.
3. Calcola la differenza d fra x e y e mettila nella variabile z
   a. Se (z > 0) allora stampa "il massimo è X", altrimenti stampa "il massimo è Y".

1.1 Hardware

1.1.1 Concetti

1.1.1.1 "Hardware".

Il sistema di elaborazione, il personal computer, è una macchina pensata allo scopo di elaborare dati ad altissima velocità.
Le sue caratteristiche sono:

- **Velocità**: svolge milioni di istruzioni al secondo;
- **Precisione**: il margine di errori è nullo;
- **Versatilità**: può svolgere compiti molto diversi fra loro.

Il computer è costituito da parti fisiche ed è progettato per eseguire **programmi** (ovvero insiemi di istruzioni).

Per **Hardware** (dall'inglese "**hard**" che significa "duro, rigido" e "**ware**" che significa "manufatto, materiale") si intendono i componenti fisici, tangibili del computer: tastiera, video, mouse, scheda madre, scheda video, stampante, ecc.

1.1.1.2 Personal Computer: desktop, laptop (portatile), tabletPC.

I computer si distinguono, in base alla potenza e dimensioni, in :

- **Mainframe**: grande e potente elaboratore centrale, utilizzato per gestire medie e grandi imprese con un elevato numero di utenti.
- **Mini Computer**: calcolatore molto simile al mainframe di dimensioni e potenza inferioreal mainframe che può gestire non più di 100-200 utenti contemporaneamente.
- **Personal Computer**: sono piccoli elaboratori ideati sia per l'uso privato e personale o di produttività individuale in ambito lavorativo.

Il **Personal Computer** a sua volta si distingue in :

- **Desktop** è una tipologia di computer contraddistinto dal non essere in genere destinato a specifici compiti essere (**general purpose**) ed utilizzato da un solo utente alla volta (**monoutente**) come postazione fissa su scrivania sia in ufficio che a casa.

- **Laptop**: (chiamato anche notebook computer o più comunemente portatile) è un Personal Computer dotato di Display, tastiera e alimentazione a batteria (ricaricabile con durata di qualche ora) di piccole dimensioni, adatto al trasporto ed utile per un uso in mobilità viste le dimensioni e peso ridotti. Ha il vantaggio di essere leggero e maneggevole, funziona per qualche ora senza la necessità di un'alimentazione a corrente e si può portare con estrema facilità in viaggio o in vacanza. Ha come svantaggi, il costo maggiore rispetto ad un PC , una limitata capacità di aggiornamento ed espansione, limitata autonomia senza energia elettrica.

- **Tablet PC** : è di fatto un normale Personal Computer portatile con capacità di input diverse. I Tablet PC grazie a particolari sistemi di digitalizzazione permettono all'utente di interfacciarsi con il sistema operativo direttamente sullo schermo mediante una penna o/e anche le dita.

1.1.1.3 Dispositivi portatili: palmari (PDA), telefoni cellulari, smartphone, lettori multimediali.

Oltre ai computer portatili (laptop, notebook) sono ormai disponibili numerosi altri dispositivi portatili come :

- **Palmare**: è un computer di piccolissima dimensioni tale da poter essere portato sul palmo di una mano (da cui il nome) ma con potenzialità e prestazioni limitate. Dotato anche di uno schermo tattile che funziona con speciali penne o con le dita.

- **Telefono Cellulare**: è un dispositivo portatile radio mobile , che permette sia il collegamento telefonico , che permettono di effettuare foto e filmati oltre che offrire alcuni servizi di comunicazione come :
  - **SMS** (Short Message Service) invio di brevi messaggi di testo
  - **MMS** (Multimedia Messaging Services) invio di messaggi con suoni, immagini e filmati
  - **WAP** (Wireless Application Protocol), servizio di collegamento ad Internet tramite il cellulare.

- **Smartphone**: In italiano telefonino intelligente, è un dispositivo portatile che unisce le funzionalità di telefono cellulare a quelle di gestione di dati personali, quindi è un palmare con le funzionalità anche del telefono cellulare.

- **lettori multimediali** : è un dispositivo portatile che permette la lettura di materiali multimediali quali audio e video.

1.1.1.4 Parti principali di un personal computer: unità centrale di elaborazione (CPU), tipi di memoria, disco fisso, dispositivi comuni di input/output.

Il Personal Computer è composto da varie elementi hardware tra i quali le principali sono :

- **CPU:** è la parte più importante del sistema, il "cervello" del computer. La CPU (Central Processing Unit) detta anche UCE (unità centrale di elaborazione) o processore, ha il compito di elaborare le informazioni acquisite. Controlla e organizza l'attività di tutti i dispositivi collegati computer: recupera tutte le istruzioni dalla memoria, le decifra e le esegue. Inoltre compie anche tutte le operazioni aritmetiche e logiche richieste dalle istruzioni dei programmi.
- **Memoria Centrale:** è la parte del computer destinata a conservare temporaneamente le informazioni per un successivo recupero delle medesime, necessarie per il funzionamento di qualsiasi programma.
- **Disco Fisso o Disco rigido** : chiamato anche hard disk drive, è un dispositivo di memoria di massa che utilizza uno o più dischi magnetici per l'archiviazione permanente dei dati che successivamente vengono letti e portati nella memoria centrale quando necessitano ai programmi.
- **Dispositivi di input / output:** unità messe a disposizione dal sistema operativo, ai programmi per effettuare uno scambio di dati o segnali con altri programmi, con l'utente (a livello sensoriale tattile o visivo), col computer o con lo stesso sistema. Sono anche i due componenti fondamentali del lavoro effettuato. Collegate a queste interfacce nell'interazione con l'utente ci sono le varie periferiche di Input/Output.

1.1.1.5 Porte di input/output: USB, seriale, parallela, porta di rete, FireWire.

Gli **input** sono i dati che il programma riceve in ingresso mentre gli **output** sono i dati che il programma trasmette verso un soggetto terzo. Le unità esterne al computer sono collegate ad esso tramite le **porte di input/output**. Le più comuni sono:

- **USB (Universal Serial Bus**): è una interfaccia standard di comunicazione seriale che consente di collegare diverse periferiche ad un computer. Tale standard di comunicazione consente a più periferiche di essere connesse usando una sola interfaccia ed un solo tipo di connettore, e per migliorare la funzionalità plug-and-play consentendo di collegare o scollegare i dispositivi senza dover riavviare il computer (hot swap).
- **Porta seriale:** è un'interfaccia seriale a bassa velocità di trasmissione per lo scambio di dati tra dispositivi digitali di tipo seriale (dispositivi lenti).
- **Porta parallela**: (detta anche **LPT**, dall'inglese Line Printer, termine derivato da Line Printer Terminal[1]) è un'interfaccia usata inizialmente unidirezionale per collegare un computer a una stampante o a un plotter e in seguito, nella versione bidirezionale, impiegata anche per altre periferiche tra le quali scanner, unità **ZIP**, hard disk, lettori di **CD-ROM** o **DVD-ROM**. La porta parallela è ormai considerata obsoleta e ormai sostituite dalle porte **USB** (più veloce e multifunzione).
- **Porta di rete**: interfaccia per il collegamento ad una rete telematica.
- **FireWire** : è un'interfaccia standard per il collegamento di un bus seriale ad alta velocità che permette l'acquisizione di dati dagli apparecchi digitali come fotocamere e videocamere. Attualmente risulta essere una porta con una velocità di trasferimento dei dati superiore a quella delle porte USB.

1.1.2 Prestazioni di un computer

1.1.2.1 Velocità dell'elaboratore.

Conoscere alcuni dei fattori che influenzano le prestazioni di un computer, quali: la velocità della CPU, la dimensione della RAM, il processore e la memoria della scheda grafica, il numero di applicazioni in esecuzione.

Le prestazioni di un computer sono influenzate da numerosi fattori tra i quali :

- **la velocità della CPU.** Numero di istruzioni eseguite nell'unità di tempo. Si misura in 1 gigahertz (simbolo GHz)
- **la dimensione della RAM o memoria centrale.** E' la dimensione in megaByte (simbolo MB) o in GigaByte (GB) della memoria centrale dove si registrano i dati per l'elaborazione dei programmi. Se la RAM non è sufficiente a contenere tutti i dati necessari all'esecuzione di un programma , il processore deve leggerli dalle memorie di massa molto meno veloci e trasferirle nella memoria centrale con evidente rallentamento dei tempi di esecuzione.
- **velocità delle memorie di massa.** Questa velocità è critica poiché i dati sono letti e memorizzati su tali supporti sia quando i programmi effettuano operazioni di lettura che nelle operazioni di scrittura.
- **processore e la memoria della scheda grafica.** Poiché nei nuovi sistemi l'interfaccia grafica , tramite la quale gli utenti interagiscono con il sistema operativo, ha un ruolo di fondamentale importanza è necessario avere schede grafiche efficienti. La scheda grafica è una tipologia particolare di processore specializzata nella resa delle immagini grafiche lasciando libera la CPU dall'eseguire tale compito per dedicarsi alle altre istruzioni dei programmi.
- **il numero di applicazioni in esecuzione (multiprogrammazione).** In questo caso il computer svolge più programmi contemporaneamente, ma poiché la CPU esegue una sola istruzione per volta, questo implica che gli altri programmi in esecuzione devono condividere l'unica CPU e dunque devono attendere che la stessa si liberi. Quindi i programmi si accodano e dunque rallentano l'esecuzione complessiva dell'elaboratore. Esistono comunque alcuni elaboratori che possono elaborare in parallelo le applicazioni utilizzando più processori contemporaneamente.

Le prestazioni di un computer comunque sono influenzate, oltre che dalle prestazioni dei singoli componenti, anche dall'equilibrio tra i suoi elementi. Se, ad esempio, un computer fosse dotato di una CPU molto rapida ad elaborare i dati ma di una memoria RAM non sufficientemente ampia e veloce, le prestazioni complessive risulterebbero basse. La RAM costituirebbe in questo caso un "collo di bottiglia". Altro esempio e un computer con una RAM ed una CPU molto veloci ma con una RAM di dimensioni molto ridotte. In tal caso, l'accesso continuo della CPU ai dati sulle memorie di massa comprometterebbe irreparabilmente le prestazioni complessive del sistema.

1.1.2.2 Velocità della CPU : megahertz (MHz) o gigahertz (GHz).

La **CPU** , come già specificato, ha il compito di elaborare le informazioni acquisite. Pertanto, decifra ed esegue le istruzioni che risiedono nella memoria principale grazie a due unità che si chiamano:

- **CU** o unità di controllo (Control Unit)
- **ALU** o unità aritmetico logica (Arithmetic Logic Unit)

Vediamo di esaminare più in dettaglio le funzioni di queste due componenti della CPU.

La **CU** è quella parte di CPU che controlla e organizza l'attività dei dispositivi collegati all'elaboratore: recupera tutte le istruzioni dalla memoria, le decifra e le esegue.

La **ALU** è l'unità aritmetico logica in cui vengono effettuati i calcoli aritmetici e logici richiesti dalle istruzioni del programma.
Ogni istruzione è costituita da un codice operativo, che identifica l'istruzione e ne specifica la forma di indirizzamento, e da un operando, che è il dato su cui opera l'istruzione.

La velocità della CPU viene misurata in Megahertz (MHZ), ovvero in milioni di hertz.
1 Megahertz = 1 milione di cicli al secondo
1 Gigahertz = 1 miliardo di cicli al secondo

1.1.3 Dispositivi di memorizzazione

1.1.3.1 Memora Centrale del computer : RAM (randomaccess memory), ROM (read-only memory).

I dati che elaboriamo ed i programmi che utilizziamo sono informazioni che devono essere in qualche modo memorizzate. A questo scopo nel computer sono presenti delle memorie, che si chiamano memoria centrale e memorie secondarie.

La memoria centrale è composta da due parti fondamentali:
- la **ROM** e
- la **RAM**.

La **ROM** (Read Only Memory) è, come il nome suggerisce, una memoria di sola lettura, ovvero i dati sono inseriti dal produttore e non sono modificabili dall'utente. E', inoltre, una memoria permanente che conserva le informazioni anche dopo lo spegnimento del computer. Il suo contenuto è costituito da informazioni fondamentali per l'avvio del computer. Il Firmware è un programma, contenuto nella ROM, che permette al computer di eseguire alcune funzioni fondamentali come l'avviamento del software di base, detto BIOS (Basic Input Output System).

La **RAM** (Random Access Memory) è invece una memoria volatile: il suo contenuto viene perso in caso di spegnimento del computer. Contiene i dati e le istruzioni dei programmi in esecuzione.

1.1.3.2 Capacità della memoria : bit, byte, KB, MB, GB, TB.

Il computer utilizza un linguaggio **binario** in cui la più piccola unità di memorizzazione, il **bit** può assumere due soli valori: 1 e 0. Convenzionalmente 1 rappresenta lo stato di ON (acceso – presenza di segnale) e 0 lo stato di OFF (spento – assenza di segnale). Un gruppo di otto bit costituisce un **byte**, unità minima per rappresentare un carattere, un numero o un simbolo. La diversa successione di 0 e 1 all'interno di un byte , otto posizioni, permette di ottenere 256 possibili valori diversi, esattamente 2^8=256. Con un byte siamo quindi in grado di rappresentare tutte le lettere dell'alfabeto latino, maiuscole e minuscole, i numeri, i segni d'interpunzione, e ancora altri simboli. Per esempio, la sequenza 01000001 in codice binario viene usata per indicare la lettera A.
I multipli del byte sono:
- il **kilobyte** (KB), costituito da 1024 byte, che corrisponde circa alla memoria occupata da una pagina di testo;
- il **megabyte** (MB), costituito da 1.048.576 byte (1024 Kilobyte), che corrisponde a circa 1000 pagine di testo;
- il **gigabyte** (GB), costituito da 1.073.741.824 byte (circa un milione di pagine di testo);
- il **terabyte** (TB), costituito da 1024 gigabyte (circa un miliardo di pagine di testo).

Riassumendo, ecco di seguito la tabella con i multipli più utilizzati:

Multipli	Potenze in base 10	Approssimazioni in base 2
K (kilo)	10^3	$2^{10} = 1.024$
M (mega)	10^6	$2^{20} = 1.048.576$
G (giga)	10^9	$2^{30} = 1.073.741.824$
T (tera)	10^{12}	$2^{40} = 1.099.511.627.776$

1.1.3.3 Dispositivi di memorizzazione: CD, DVD, chiavi USB, schede di memoria estraibili, dischi fissi interni, dischi fissi esterni, unità di rete, unità di memorizzazione online.

Le **memorie secondarie** o **di massa** sono dei dispositivi di memoria caratterizzati da una capacità di immagazzinare dati molto elevata, grazie alla quale le informazioni, i programmi e i dati presenti nella memoria RAM possono essere memorizzati in maniera permanente.

Di seguito descriveremo le principali memorie secondarie in uso.

Il **disco rigido** o **hard disk**, in cui vengono memorizzati in maniera permanente tutti i dati (dal sistema operativo, ai programmi, ai dati elaborati dall'utente). E' per dimensione il più importante esempio di memoria secondaria; la capacità di un disco rigido, infatti, è molto elevata e arriva comunemente ad alcune decine di gigabyte (GB). E' formato da dischi magnetici rigidi posti all'interno di un rivestimento protettivo. I dati sono registrati in forma magnetica. Generalmente si trova all'interno del computer, tuttavia oggi esistono anche dei dischi rigidi esterni da collegare all'elaboratore, che possono essere rimossi e trasportati.

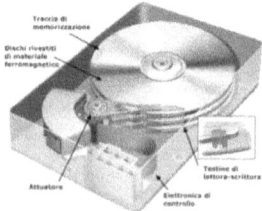

I **floppy disk** o **dischetti** sono il supporto di memorizzazione più diffuso per trasferire dati da un computer ad un altro, hanno il vantaggio di essere economici e facili da trasportare ma la quantità di informazioni memorizzabile è limitata (quelli generalmente in uso sono dischetti da 3,5 pollici con capacità di 1,4 MB). Per leggere un floppy disk occorre inserirlo nell'apposito lettore (drive).

Il **CD** (ovvero *Compact Disk*), è un disco a lettura ottica materialmente identico ad un CD musicale, ma può memorizzare dati e programmi, e contenere una grande quantità di informazioni (circa 700 Mb).
Esistono tre tipi di CD:

- i CD-ROM (*Compact Disk-Read Only Memory*), che non possono essere registrati dall'utente ma solo letti un numero illimitato di volte;
- i CD-R (*Compact Disk Recordable*), che possono essere registrati una sola volta e successivamente letti un numero illimitato di volte;
- i CD-RW (*Compact Disk Re-Writable*) che possono essere sia registrati che letti innumerevoli volte.

Per leggere le informazioni contenute su un compact disk è necessario un apposito lettore che utilizza un raggio laser;
per registrare un compact disk, invece, è necessario un dispositivo specifico chiamato **masterizzatore**.

Il **DVD** (*Digital Versatile Disk*) può contenere da un minimo di **4.7 GB** ad un massimo di **17 GB** di informazioni, cioè l'equivalente di 7 o 24 CD-ROM!

Ne esistono diverse tipologie:
- **scrivibili** (una sola volta),
- **riscrivibili** (più volte) e
- **pre-registrati** (non scrivibili).

Un DVD può contenere audio, video o dati, ad esempio sotto forma di programmi multimediali.

Tra gli altri supporti di memorizzazione dei dati ricordiamo:
lo **zip disk**, che ha lo stesso aspetto del floppy ma capacità di 100-700 Megabyte;
- i **data-cartridge**, cartucce a nastro magnetico utilizzate per fare delle copie di backup dei dischi rigidi;
- i **nastri magnetici**, nastri su cui vengono registrati dati e programmi in modo sequenziale; per pervenire alle informazioni desiderate bisogna prima scorrere le informazioni precedenti;
- le **unità di memoria mobili o pen drive** ("penne" USB) che vengono collegate al computer tramite la porta USB (Universal Serial Bus). Hanno forme diverse e capacità variabili da 2 GB a 64GB.

Prima di utilizzare alcuni dispositivi di memorizzazione di massa (ad esempio il disco rigido, il floppy disk, ecc.) bisogna ricorrere alla **formattazione**, cioè una procedura che cancella tutti i dati eventualmente presenti sul disco, controlla eventuali difetti e prepara il supporto per la registrazione di nuovi dati, organizzando opportunamente lo spazio disponibile.

1.1.4 Periferiche di input e output

1.1.4.1 Principali periferiche di input di un computer: mouse, tastiera, trackball, scanner, touchpad, joystick, webcam, macchina fotografica digitale, microfono.

Per **unità di input** si intende l'insieme di quei dispositivi che permettono l'immissione dei dati nel computer.

Tali unità sono:
- mouse,

- trackball,
- touchpad,
- joystick,
- tastiera,
- scanner,
- penna ottica,
- macchina fotografica digitale,
- microfono,
- webcam.

Il **mouse** è uno dei dispositivi necessari per lavorare con il personal computer. Spostando il mouse si sposta sullo schermo una freccia (il puntatore), con cui è possibile indicare, selezionare e spostare gli oggetti. Il mouse ha almeno due pulsanti (il tasto sinistro e il tasto destro) posti sulla parte superiore, e una piccola sfera sporgente nella parte inferiore, che capta i movimenti del mouse e li invia al computer. Ultimamente trovano ampia diffusione i mouse ottici. In questi dispositivi una luce rossa generata da un LED e focalizzata da un sistema di lenti illumina la superficie su cui si muove il mouse. In ogni istante una microtelecamera acquisisce l'immagine della superficie, la confronta con l'immagine precedente e calcola la distanza e la direzione dello spostamento.

Il **trackball** è come il mouse un dispositivo di puntamento.
Si distingue dal primo in quanto non è necessario trascinarlo, ma basta far ruotare con le dita la sfera presente al suo interno. Il trackball può essere dotato di due o tre pulsanti con le stesse funzioni di quelli del mouse.

Anche il **touchpad** ha la stessa funzione del mouse; in questo caso, però, lo spostamento del puntatore si ottiene facendo scorrere il polpastrello di un dito su una superficie piana di 8 piccole dimensioni.

Il **joystick**, o leva di comando, è costituito da una leva manovrabile manualmente munita di due o più pulsanti. Viene utilizzato soprattutto nei videogiochi.

La **tastiera** del computer è composta da tasti che riportano l'indicazione di lettere e numeri; la sua funzione è quella di immettere nel sistema sequenze di caratteri e comandi. La tastiera più utilizzata è la "Qwerty", il cui nome è dato dalla sequenza delle lettere dei primi 6 tasti.

Lo **scanner** è un dispositivo esterno al computer che permette di acquisire in formato digitale fotografie, disegni e testi sotto forma di file immagine. Possiamo associare l'uso dello scanner a quello di programmi di riconoscimento dei caratteri, (detti OCR, Optical Character Recognition) o di elaborazione delle immagini.

La **penna ottica** è un lettore di codici a barre, ossia un dispositivo capace di leggere caratteri rappresentati da sequenze di linee verticali. Un esempio di utilizzo dei codici a barre lo troviamo sulle confezioni dei prodotti in un negozio.

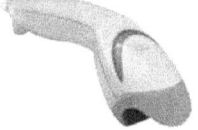 

La **macchina fotografica** digitale dà la possibilità di acquisire fotografie che possono in seguito essere trasferite sul computer e ritoccate con programmi di elaborazione grafica.

Il **microfono** consente di acquisire dei suoni in forma digitale, che possono essere utilizzati, ad esempio, in applicazioni multimediali.

La **webcam**

Una webcam è una piccola telecamera che trasmette le immagini riprese, in forma digitale, attraverso una interfaccia collegabile a un computer (per esempio USB oppure uscita di rete Ethernet RJ45). Il principale utilizzo delle webcam consiste infatti nella possibilità di impiegarle per realizzare una videoconferenza attraverso il Web o la trasmissione continua di immagini dal vivo (streaming video) da determinati luoghi del mondo o per scopi di videosorveglianza e registrazione di video (sul disco rigido del computer).

1.1.4.2 Principali periferiche di output di un computer: schermi/monitor, stampanti, altoparlanti, cuffie.

Nel processo di elaborazione dei dati che avviene all'interno di un computer, le **unità di output** sono i dispositivi che ricevono i dati dal computer e li convertono in forma intelligibile per l'utente.
Unità di output sono:
- monitor,
- stampante,
- plotter,
- altoparlanti.

Il **monitor** (o VDU, Visual Display Unit) è un'unità video che funziona in modo molto simile ad un televisore: traduce in immagini i dati ricevuti dalla scheda grafica del computer. Le immagini sono costituite da puntini luminosi chiamati pixel. La risoluzione dello schermo è data dal numero di pixel che il monitor può visualizzare (ad esempio 800x600 pixel). L'unità in cui si misurano le dimensioni di un monitor è il *pollice*, che equivale a circa 2,6 centimetri. Dimensioni tipiche dei monitor sono 14, 15, 17 e 19 pollici. Tali misure indicano la lunghezza della diagonale dell'area visibile rettangolare del monitor.

La **stampante** consente all'utente di ottenere una copia cartacea dei dati elaborati dal computer.
Esistono vari tipi di stampanti:

- *stampanti ad aghi*, in cui i caratteri e la grafica sono generati da un insieme di punti prodotti dal contatto tra la carta ed un nastro inchiostrato, mediante la pressione di piccoli aghi metallici contenuti in una testina mobile.
- *stampanti a getto d'inchiostro*, in cui i caratteri e la grafica sono generati da microscopiche gocce di inchiostro espulse sulla carta da ugelli contenuti in una testina mobile.
- *stampanti laser*, in cui i caratteri e la grafica sono generati con un processo simile a quello usato nelle fotocopiatrici.

Il **plotter** è un dispositivo che consente di stampare su fogli di grandi dimensioni. Si differenzia dalla stampante sia per il modo di disegnare le linee, in quanto utilizza apposite penne, sia per il fatto che può tracciare righe continue, mentre la stampante può soltanto riprodurle attraverso una serie di punti molto ravvicinati.
Comunemente i plotter sono impiegati soprattutto nel campo scientifico per la produzione di grafici bidimensionali o nella grafica digitale.

Alcune periferiche di output come le **casse**, gli **altoparlanti** e le **cuffie** trovano un grande utilizzo nelle applicazioni multimediali e permettono di avere un output sonoro.

1.1.4.3 Periferiche sia di input che di output: modem, schermi tattili (touchscreen).

Ci sono alcune unità periferiche che svolgono sia le funzioni di input che di output tra cui:

- Il **modem**, apparecchio per la trasmissione di dati lungo le linee telefoniche;

- I **touch screen** schermi sensibili al tatto, su cui è possibile selezionare le opzioni presenti sullo schermo utilizzando il dito come puntatore; essi sono dispositivi che hanno la possibilità sia di leggere che di scrivere **caratteri magnetici** (ad esempio i terminali self-service bancari);

- le **interfacce analogiche e digitali** per collegare la strumentazione.

1.2 Software

1.2.1 Concetti

1.2.1.1 Comprendere il termine "software".

Dopo l'hardware analizziamo l'altra componente fondamentale di un sistema di elaborazione. Il Personal Computer come insieme di componenti hardware di per sé non è in grado di funzionare. Devono esistere dei programmi progettati dall'uomo che indicano la sequenza di istruzioni da eseguire per svolgere determinate operazioni. L'insieme di tutti questi programmi prende il nome **Software** (dall'inglese "**soft**" che significa "morbido, leggero,tenero" e "**ware**" che significa "manufatto, materiale") .

Il Personal Computer in quanto HardWare non specializzato non è in grado di funzionare son non è programmato tramite opportuni programmiI programmi utilizzati più comunemente di video-scrittura, foglio elettronico, grafica, di gestione della contabilità, ecc. non sono altro che software.

1.2.1.2 Sistemi operativi.

Il software si divide in: **software di base** o **software applicativo**.

Il **software di base** detto **Sistema Operativo**, è l'insieme di programmi a corredo della macchina che svolge funzioni di servizio e di gestione del sistema di elaborazione e, senza il quale tutti gli altri programmi non potrebbero essere utilizzati dal computer, e che dunque dovranno essere progettati in modo da essere riconosciuti e supportati dal particolare sistema operativo che dovrà farli funzionare.

I suoi compiti sono:
- Gestire e controllare tutte le componenti hardware del pc.
- Svolgere operazione di gestione dei file e delle memorie di massa che li contengono.

- Svolgere il ruolo di interfaccia tra l'uomo e la macchina permettendo all'utente di interagire con le componenti hardware.

I Programmi d'utilità son quelli che facilitano l'utente in operazioni di manutenzione del sistema.

L'MS – DOS : è stato il primo sistema operativo per personal computer. Il suo funzionamento avveniva attraverso comandi digitati da un linea chiamata *prompt dei comandi*.

Era pertanto necessario conoscere il nome di molti programmi per poter sfruttare a pieno le funzioni del S.O. e questo modo di interagire non favoriva la diffusione del personal computer in ambito domestico. Pertanto si è sin dagli anni '80 pensato a dei software in grado di agevolare e semplificare l'approccio tra gli utenti aed i computer.
Nei primi anni '80 comparvero i primi computer con interfaccia grafica.

Le **Graphics User Interface** vengono create dunque per permettere di interagire con la macchina senza dover conoscere i comandi e la loro sintassi.
Nascono elementi quali: finestre, icone, menù che possono essere utilizzati dall'utente mediante un sistema di puntamento controllato dal mouse.

Tutti i moderni S.O si avvalgono delle interfacce grafiche: Windows, Mac, Linux/Unix. Tutti questi S.O consentono:
- **Multitasking**: esecuzione di più programmi contemporaneamente.
- **Multiutenza**: creazione di profili personalizzati per i diversi utenti del
personal computer.

Windows e Macintosh rientrano nella categoria dei S.O commerciali.
Il loro utilizzo è condizionato dal possesso di una licenza che va acquistata.
Aggiornamenti del sistema operativo sono possibili ma non personalizzabili. L'utente non può modificare il sistema operativo.

Unix e Linux invece vengono definiti sistemi open source. Nati e sviluppati in ambito universitario, consentono a chi ne possieda le

capacità di modificare/aggiornare il nucleo (kernel) per aggiungere, modificare funzioni.
Sono quasi sempre gratuiti e possiedono ormai un alto numero di applicazioni che possono funzionare su personal computer domestici.

1.2.1.3 Programmi applicativi.

Programmi orientati a svolgere determinati compiti, trovano il loro utilizzo in tutti i campi della vita odierna: domestici, office automation, medico-scientifico, etc...

Analizziamo i programmi di maggior utilizzo:
- **Elaborazione testi**: scrittura testi, formattazione e stampa.
- **Fogli elettronico di calcolo**: inserimento ed analisi di dati numerici, consentono di utilizzare moltissime funzioni di diverso tipo. Matematiche, statistiche, logiche, finanziarie, etc
- Strumenti di **presentazione**: creano diapositive per utilizzo aziendale o didattico. Software multimediali che consentono anche l'utilizzo di immagini, suoni e filmati all'interno delle presentazioni.
- Gestione **basi di dati**: permettono di creare e gestire grossi archivi dati correlati tra loro. Possiedono formalismi ben precisi per la creazione delle tabelle che contengono i dati di interesse.
- **Browser Web**: consentono di sfogliare gli ipertesti che formano il www. Internet Explorer, Firefox, Netscape.
- **Posta Elettronica (e-mail** dall'inglese «electronic mail»): E' un servizio internet che permette di inviare e ricevere messaggi e documenti utilizzando un computer o altro dispositivo elettronico (es. palmare, cellulare ecc..) connesso alla rete. È una delle applicazioni Internet più conosciute e utilizzate assieme al browser web.
- Programmi di **grafica**: Photoshop, Illustrator, PSP. Elaborazione immagini e foto ritocco.
- **Videogioco.** Programmi che simulano ambienti di gioco sul video del computer o schermo televisivo. L'azione avviene interagendo con l'animazione del gioco stesso tramite tastiera, mouse o joystick.

Con la disponibilità di tali programmi l'utente può risolvere qualsiasi tipo di problematica.

1.2.1.4 Distinzione tra software di sistema e software applicativo.

Come abbiamo visto, il Personal Computer per funzionare necessita di due tipologie di Software:

- **software di base o di sistema**, indispensabile al funzionamento dell'hardware del computer dal momento che senza di esso l'hardware sarebbe totalmente inutilizzabile. Il software di base normalmente è fornito a corredo dell'hardware stesso al quale è strettamente legato.
- **software applicativo**, comprende i programmi che il programmatore realizza utilizzando le prestazioni che offre il sistema operativo e tra essi troviamo ad esempio le applicazioni gestionali destinati alle esigenze specifiche di un utente o di un'azienda.

1.2.1.5 Accessibilità del computer: software di riconoscimento vocale, screen reader, zoom, tastiera su schermo.

L'interfaccia grafica, detta **Graphics User Interface (GUI)**, consente di interagire intuitivamente con il computer. Utilizza rappresentazioni grafiche, come finestre e icone, per rappresentare comandi, file e applicazioni, rendendo l'uso dei programmi più facile ed immediato. Tutte le operazioni, come lanciare comandi, scegliere opzioni, ecc. vengono svolte tramite il mouse quindi con maggiore facilità d'uso e velocità.

Inoltre, con la rapida evoluzione delle tecnologie informatiche nasce sempre di più l'esigenza di avere anche dei programmi che facilitino sia il loro utilizzo che la vita quotidiana alle persone diversamente abili (portatori di handicap).

Di seguito riportiamo alcuni esempi di tali software:

- I software di **riconoscimento vocale** sono in grado, tramite il collegamento di un microfono al computer, di riconoscere le parole dell'utente per tradurle in testo sia da utilizzare nei documenti che riconoscere dei comandi vocali da eseguire.
- **Screen reader** (lettore dello schermo). Al contrario del precedente tali software sono in grado di interpretare il testo sul video e trasformarlo sintetizzandolo in voce. Tale software sono particolarmente utili ai non vedenti.
- **Zoom**, è la funzione che permette di ingrandire ciò che viene visualizzato sullo schermo , utile sia per chi lavora molto al computer che agli ipovedenti.

- **Tastiera su schermo.** E' una tastiera integrata a video direttamente che permette di la digitazione e l'individuazione dei tasti con maggiore facilità, utile a persone con un deficit visivo.

1.3 Reti

1.3.1 Tipi di reti

1.3.1.1 LAN (Local Area Network), WLAN (Wireless Local Area Network) e WAN (Wide Area Network).

Una rete di computer mette in collegamento, tramite uno o più mezzi di trasmissione, un numero variabile di postazioni distanti l'una dall'altra. In dipendenza della distanza dei computer collegati possiamo distinguere tipi diversi di reti informatiche.

La rete **LAN** (Local Area Network) è una rete locale composta da computer collegati tra loro e che risiedono tutti nello stesso ambiente di lavoro. Sono situati, quindi, in un'area geografica circoscritta (all'interno dello stesso edificio o edifici adiacenti). I computer, collegati fisicamente tra loro, possono condividere file, programmi, periferiche, ecc.

Le reti **WAN** (Wide Area Network) o reti geografiche, coprono lunghe distanze, arrivando oltre i confini geografici di città e stati. Le connessioni possono avvenire tramite ponti radio, reti pubbliche

Tra le altre tipologie di reti troviamo: **MAN** (Metropolitan Area Network) per reti geografiche riguardanti una zona metropolitana e **Internet**, interconnessione di reti locali e geografiche in una rete globale.

Grazie alle reti possiamo condividere le risorse all'interno di un gruppo di lavoro, come ottenere informazioni da archivi in comune, scambiare informazioni per posta elettronica, lavorare insieme su uno stesso documento. Il **groupware** è il software specializzato per la gestione del lavoro di gruppo.

1.3.1.2 Sistemi "client/server".

Il **Server** è un computer che fornisce informazioni e/o risorse ad utenti di una rete che si collegano tramite il proprio computer (**Client**).

La trasmissione delle informazioni può avvenire da un solo utente a molti utenti (tipo Multicast o Broadcast) o da un utente ad un altro utente (tipo *peer to peer* o *point to point*).

1.3.1.3 Cosa è Internet : i suoi principali impieghi.

Internet è una rete che collega tra loro computer diversi, sia dal punto di vista hardware che dal punto di vista software, ubicati in ogni parte del mondo.
Negli anni '60, negli Stati Uniti, nasce la prima rete di trasmissione dati, Arpanet considerata il prototipo dell'attuale Internet. Arpanet viene successivamente divisa in due reti: MILnet (rete militare) e NSFnet (National Science Foundation Network). Con l'incremento del numero di utenti vennero poi aggiunte altre reti come Bitnet, Usenet e Fidonet. Da Arpanet, quindi, si è progressivamente arrivati all'attuale rete globale che si estende su tutto il pianeta e che conta ad oggi oltre cento milioni di computer collegati.

La trasmissione delle informazioni su Internet tra computer diversi avviene tramite la suite di protocolli detta **TCP/IP**; essi costituiscono l'insieme di regole che stabiliscono la modalità in cui deve avvenire lo scambio di dati tra elaboratori. Ad esempio, il protocollo IP (Internet Protocol) prevede l'utilizzo di indirizzi (detti appunto indirizzi IP) in grado di identificare univocamente le postazioni collegate alla rete Internet.

L'**Internet Society** è un'organizzazione di esperti che definisce le politiche e la pratica di Internet e il suo scopo è quello di assicurare lo sviluppo, l'evoluzione e l'uso di Internet in modalità aperta per il beneficio di tutti nel mondo.

Tra i servizi primari di Internet troviamo:
la posta elettronica;
- il servizio Telnet;
- il trasferimento di file (FTP);
- l'accesso a banche dati (World Wide Web);
- i gruppi di discussione (newsgroup);
- le liste di distribuzione (mailing list);
- le chat line;
- le teleconferenze;
- il telelavoro.

Il **World Wide Web** (letteralmente "ragnatela ad estensione mondiale") è una rete di risorse informative, basata sull'infrastruttura di Internet. Il web è costituito da innumerevoli siti informativi strutturati a loro volta da un insieme di pagine ipertestuali (da cui deriva l'immagine della ragnatela) e memorizzate su computer denominati *web server*.

La pagina iniziale di un sito è detta **home page**. Ogni sito è progettato e gestito da specifiche figure professionali: il **webmaster**, che si occupa della gestione del sito e il **web designer**, che si occupa della progettazione.

Il **motore di ricerca** consente la ricerca di informazioni. In genere è in grado di fornire un elenco di siti e pagine Internet che potrebbero contenere l'informazione cercata.
Tra i motori di ricerca troviamo: Virgilio, Google, Arianna, Yahoo, Altavista, ecc.

Il **linguaggio HTML** (HyperText Markup Language) è un linguaggio per la creazione dei documenti ipertestuali con cui vengono realizzati i siti web.

Il **browser** permette di accedere al servizio www e di visualizzare i contenuti delle pagine web. Per accedere ad un sito inseriamo l'indirizzo, detto URL (*Uniform Resource Locator*), all'interno di un'area definita Barra degli indirizzi o Barra di navigazione.

Ogni pagina web ha un indirizzo specifico o URL composto da varie parti. Prendiamo ad esempio l'indirizzo del sito del governo italiano: http://www.aicanet.it
- **http** è l'acronimo di HyperText Transfer Protocol, è sempre presente ed indica il protocollo utilizzato per il trasferimento dei dati;
- **www** è l'acronimo di World Wide Web, un nome simbolico con cui normalmente vengono indicati i siti web;
- **aicanet** è detto *dominio di secondo livello* ed indica di solito il nome dell'organizzazione o della società proprietaria del sito;
- **it** indica il dominio radice. Internet, infatti, è suddiviso in una moltitudine di domini radice, ossia suddivisioni logiche della rete globale, che hanno lo scopo di facilitare la gestione dei nomi delle risorse.

Possiamo distinguere **domini geografici** che identificano la nazionalità del sito come "uk" (Gran Bretagna), "it" (Italia), "de" (Germania), "es" (Spagna), "jp" (Giappone), "fr" (Francia) e **domini generici** che identificano, invece, il tipo di organizzazione come "com" (commerciale), "edu" (istituzione educativa), "gov" (ente governativo), "net" (polo di rete), "mil" (organizzazione militare).

Da qualche anno, è possibile connettersi ad Internet attraverso la telefonia mobile, grazie al protocollo **WAP**(Wireless Application Protocol) e al linguaggio **WML** (Wireless Markup Language).

La **Netiquette** è l'insieme di regole comportamentali sviluppate dalla comunità di Internet, una specie di Galateo della rete che suggerisce delle regole di corretto comportamento.

1.3.1.4 Cosè una intranet, una extranet.

Una rete **Intranet** è una rete che utilizza le stesse caratteristiche di Internet, ma mentre Internet è una rete globale aperta a tutti, le reti Intranet sono intenzionalmente limitate ad un'estensione localizzata ad una singola azienda.

Una **Extranet** è una rete che utilizza applicazioni e servizi basati sul protocollo Internet che consente di collegare, in maniera protetta, reti locali geograficamente distanti.

EDI (Electronic Data Interchange) scambio tra computer di dati relativi a transazioni commerciali.

Il **Firewall**, o "porta taglia fuoco", è un sistema che serve a proteggere un sistema informatico aziendale. Esso può essere realizzato via software, hardware o con una combinazione di entrambi, ed è progettato per impedire l'accesso ad una Intranet da parte di utenti non autorizzati.

1.3.2 Trasferimento di dati

1.3.2.1 Scaricare e caricare dati digitali da e verso una rete.

Nell'utilizzare dei computer in rete in modalità client/server remoto c'e' sempre la possibilità di inviare o ricevere dati da e verso gli altri computer.
Per upload (caricamento) si intende il processo di invio o trasmissione di un file (o più genericamente di un flusso finito di dati o informazioni) da un client (computer locale) ad un server (computer remoto attraverso una rete informatica.

Per download (scaricamento) si intende l'azione inversa all'upload ossia ricevere o prelevare dalla Rete (es. da un sito web) un file, trasferendolo sul proprio disco rigido del computer locale o su altra periferica locale dell'utente. Nella maggior parte dei casi lo scaricamento di un file è la conseguenza di una richiesta, più o meno trasparente all'utente del sistema.

1.3.2.2 Velocità di trasferimento. Misurazione in: bit per secondo (bps), kilobit per secondo (Kbps), megabit per secondo (Mbps).

La **velocità di traferimento o trasmissione** indica la quantità di dati digitali che possono essere trasferiti, da un computer ad un altro attraverso una connessione o una semplice trasmissione in un dato intervallo di tempo ovvero:

La velocità di trasmissione è considerata un fattore prestazionale del sistema di telecomunicazioni o apparato hardware elettronico particolarmente sentito dall'utente come parametro di qualità di servizio.

Poiché l'informazione viene trasferita in forma digitale, ossia come sequenza di bit, è ovvio che tale velocità venga misurata in bit per secondo, abbreviato in **bit/s** o **bps**, ma anche in byte al secondo, abbreviato in **byte/s** o **Bps** (si noti l'uso differente dell'iniziale b, minuscola per il bit e maiuscola per il byte).

In realtà sulle veloci macchine moderne avrebbe poco senso usare come unità di misura proprio il bit/secondo, per cui vengono utilizzati principalmente i vari multipli del bit secondo i prefissi standard del sistema decimale, cosicché, ad esempio, se in una linea ADSL abbiamo un trasferimento dati di 4 Mbit/s, cioè 4.000.000 bit/s, avremo (4.000.000/8) B/s equivalenti a 500 kB/s. I multipli dell'unità di misura base sono leggermente differenti nei due casi, sebbene indicati dagli stessi prefissi (le lettere **K, M, G e T** del sistema internazionale). In ambito informatico si utilizzano da sempre approssimazioni basate sulle potenze del 2 (il numero su cui si basa l'aritmetica binaria del calcolatore), mentre in telecomunicazioni ci si attiene allo standard.

1.3.2.3 Conoscere quali sono i diversi servizi per la connessione a Internet: su linea telefonica, a banda larga

Le connessioni di rete sono invece connessioni logiche e/o fisiche tra terminali di una rete ovvero collegamenti verso l'esterno e non verso gli elementi hardware interni del medesimo computer o apparato elettronico per l'espletamento di un certo servizio quale ad esempio una comunicazione vocale tra utenti o una comunicazione dati.

Tipicamente sono connessioni di rete:

- **Connessione telefonica ad internet.** Una connessione telefonica rappresenta il collegamento fisico tra due terminali o telefoni (il chiamante e il destinatario) messo in atto per poter usufruire del servizio della chiamata telefonica attraverso la rete telefonica. Nel dettaglio la connessione comincia con la fase dell'instaurazione ovvero con il sollevamento della cornetta dell'apparecchio telefonico che segnala alla rete la richiesta di servizio da parte dell'utente, la rete verifica a sua volta la disponibilità di risorse interne di commutazione disponibili o meno attraverso il segnale di libero o occupato di linea, l'utente compone il numero telefonico del destinatario ed instaura una connessione tra il chiamante ed il destinatario. Durante l'intera durata della connessione le risorse di rete sono assegnate in maniera statica all'espletamento del servizio richiesto ovvero pre-assegnate. Una volta realizzata la connessione si può procedere all'inoltro della comunicazione.
- **Connessione ADSL ad internet.**In generale un computer si dice connesso ad Internet, dopo l'autenticazione col provider del servizio di connettività, ha ottenuto la configurazione IP manualmente e staticamente da parte di un amministratore di rete oppure tramite assegnazione dinamica con DHCP, pronto ad iniziare la sua sessione di navigazione in rete sul web o ad usufruire di altri servizi offerti dalla rete. Tale connessione è ottenuta tipicamente tramite modem, **ADSL**, connessioni senza fili o chiavette internet. Spesso i computer prima di essere connessi ad Internet sono

connessi tra loro in rete locale (LAN) e questa poi interallacciata ad Internet tramite un router o un gateway.

1.3.2.4 Modalità di connessione ad Internet: linea telefonica, telefono cellulare, cavo, wireless, satellite.

Connessione tramite cavo telefonico. Come abbiamo già detto il PC si connnette ad internet sfruttando il cavo telefonico ed il modem che fa da traduttore (modulatore-demodulatore) tra il linguaggio analogico del telefono e quello digitale del computer.

Connessione tramite cellulare. È la connessione di tipo wireless tipica delle reti radiomobili cellulari ovvero tra terminali mobili sparsi su un territorio e stazioni radio base ovvero nell' interfaccia radio trasmissiva del sistema cellulare per usufruire dei servizi di accesso alla rete Internet. In questo caso si hanno varie tipologie possibili di connessione:GSM (Global System for Mobile Communications) ormai obsoleta, GPRS (General Packet Radio Service) tecnologia di connessione intermedia tra la GSM e la UMTS anch'essa obsoleta, EDGE Enhanced Data rates for GSM Evolution) evoluzione dello standard GPRS per il trasferimento dati sulla rete cellulare GSM che consente maggiori velocità di trasferimento dei dati, UMTS Universal Mobile Telecommunications System) è uno standard di telefonia mobile cellulare 3G, evoluzione del GSM dettaa anche teconologia di connessione di terza generazione, HSPA (High Speed Packet Access) famiglia di protocolli per la telefonia mobile cellulare che estendono e migliorano le prestazioni dell'UMTS. Include l'HSDPA per la trasmissione dati in downlink (verso l'utente) e l'HSUPA per la trasmissione dati in uplink (verso la rete).

Connessione tramite Cavo TV. La connessione cavo avviene tramite il cavo coassiale della TV e permette standard di velocità e di stabilità elevati, ma richiede tecnologie e servizi che in italia non sono ancora diffusi.

Connessioni wireless. Un ultimo tipo di connessioni sono le connessioni wireless (SENZA FILI) in reti come Wi-Fi e Wi-Max oppure connessioni wireless punto-punto fisse come i ponti radio. Nei primi due casi la caratteristica di queste connessioni è di risultare a volte instabili se terminale mobile e antenna servente non sono in condizioni di linea di vista, mentre i ponti radio possono andare incontro a disservizi in relazione alle mutevoli condizioni atmosferiche di radiopropagazione. Le connessioni wireless possono essere di due tipi connessioni corte e connessioni a raggio lungo. La connessione a raggio lungo è una connessione che può arrivare fino adirittura a 1.5 chilometri di distanza ed è stata adottata solo nelle grandi aziende perché è di ultima tecnologia avanzata (Microsoft).

Connessionì satellitari. Con tale termine si indicano le connessioni tra terminali terrestri e sistemi satellitari in orbita per la fruizione di servizi quali telefonia satellitare, internet satellitare, geolocalizzazione e navigazione satellitare tipicamente tramite impianto d'antenna parabolica.

1.3.2.5 I Vantaggi e svantaggi della banda larga: sempre attiva, tariffa fissa, alta velocità, rischio maggiore di intrusioni.

La banda larga, ossia ad alta velocità di trasmissione dati sia in ingresso che in uscita, presenta una serie di vantaggi:
- Permette di inviare maggiori quantità di dati a parità di tempo. Tipicamente dati multimediali;
- Il collegamento è sempre attivo, per cui l'accesso alle varie applicazioni in rete è più veloce;
- Tipicamente il servizio non viene pagato in base al tempo di connessione o della mole di dati trasmessa, ma tramite un canone di abbonamento.

D'altra parte avere un collegamento ad internet sempre attivo ha come svantaggio il maggiore rischio di intrusione nei nostri sistemi.

1.4 ICT nella vita di ogni giorno

1.4.1 Il mondo elettronico

1.4.1.1 ICT: Tecnologie della Comunicazione e dell'Informazione.

Per **Information Technology** (**IT**) si intende letteralmente la tecnologia dell'informazione, ovvero la tecnologia usata dai computer per creare, memorizzare e utilizzare l'informazione nelle sue molteplici forme (dati, immagini, presentazioni multimediali, ecc.).

Con **Informatica** (cioè *Infor*mazione + Auto*matica*) si intende la scienza che studia i computer nelle loro componenti hardware e software.

Information and Communication Technology (ICT), ovvero tecnologia dell'informazione e della comunicazione, è un'espressione utilizzata per descrivere l'area di attività tecnologiche e industriali legate agli strumenti che consentono di comunicare o diffondere informazioni e notizie.

Con **New Economy** si intende una nuova forma di economia che vede raggruppate l'economia delle telecomunicazioni, dei media, di Internet, dell'informatica e delle biotecnologie. Secondo gli esperti del settore, questa economia porta alla nascita di nuove professioni, a ritmi di vita e di lavoro più stressanti e a una conseguente riduzione dell'attività fisica.
La grande diffusione della new economy ha fatto sì che si siano sviluppati servizi basati sulle comunicazioni elettroniche.

1.4.1.2 Servizi Internet dedicati ai consumatori: e-commerce, e-banking, e-governement.

L' **e-commerce** (commercio elettronico) è un fenomeno estremamente diffuso. La "rete delle reti" ha, effettivamente, rivoluzionato anche il modo di comperare e di vendere. Oramai è possibile fare la spesa, prenotare un albergo o un'intera vacanza comodamente da casa, con notevole risparmio di tempo e, molto spesso, anche di denaro. Sempre grazie ad Internet è possibile effettuare operazioni in borsa o eseguire transazioni bancarie.

Possiamo pagare i nostri acquisti online tramite carta di credito, moneta elettronica o assegno circolare elettronico.
Tra i vantaggi ritroviamo la possibilità di avere sempre a disposizione i negozi virtuali in qualsiasi parte del mondo dove poter fare acquisti scegliendo tra una vasta gamma di prodotti. Tra gli svantaggi, l'impossibilità di vedere il prodotto tranne che su un catalogo e il sistema di pagamento che, in alcuni casi, può non garantire né l'anonimato né la totale sicurezza.

L' **e-bancking** .si riferisce ad applicazioni e funzionalità inerenti le attività di una **banca**. Infatti, in banca il computer svolge un ruolo importante; ad esempio, sono di largo uso le carte tipo Bancomat, come la tessera a banda magnetica o la smart card a microchip. Quest'ultima è in grado di memorizzare una maggiore quantità di dati rispetto alla precedente. Il servizio bancario presso un terminale self-service garantisce un buon livello di sicurezza; pensiamo ad un comune prelievo: il computer permette all'utente di inserire la sua tessera con il codice identificativo, richiede la digitazione della password per accedere al servizio, richiede l'inserimento dei dati per effettuare la transazione.

Con il termine **e-government** ci si riferisce all'uso delle applicazioni nella **pubblica amministrazione**. Infatti, anche nella pubblica amministrazione l'uso del computer si è ampiamente diffuso permettendo alcuni servizi come l'utilizzo di Internet e lo sportello self-service, in grado di velocizzare il rilascio di certificati e di pagamenti di tasse.
Oggi è a disposizione una carta di identità elettronica che permette di accedere a tutte queste funzioni.

1.4.1.3 "E-learning".

Nell'ambito della **didattica**, il settore che ha particolarmente tratto vantaggio dall'innovazione tecnologica è quello della Formazione A Distanza (FAD). Fino a pochi anni fa, la FAD si è servita di canali di comunicazione tradizionali (posta, radio, televisione) e la sua metodologia non si è discostata dalla didattica tradizionale. Con l'avvento dell'informatizzazione, non solo sono cambiati i canali di trasmissione, ma si sono aperte nuove possibilità didattiche e metodologiche.

In particolare:

- l'apprendimento è diventato di tipo collaborativo;
- è stato introdotto l'uso massiccio della multi-medialità nella didattica;
- si è reso possibile fare formazione simulta-neamente a molte persone anche residenti in diverse aree geografiche;
- è stata adottata la metodologia dell'autoapprendimento;
- lo studio dei discenti è diventato quindi personalizzabile nel rispetto dei tempi e degli impegni personali o professionali;
- i materiali sia teorici che pratici sono distribuiti tramite la rete e resi disponibili in formato digitale;
- i costi per le aziende si sono sostanzialmente abbattuti.

Nella formazione riveste grande importanza il **libro** elettronico (**E-Book**) che può essere memorizzato su CD-ROM o su dvd ed anche essere reso reperibile via Internet. Il libro elettronico consente una maggiore interattività con l'utente e la possibilità di utilizzare la multimedialità.

1.4.1.4 "Telelavoro". Vantaggi e svantaggi.

Un'altra realtà che si va sempre più rapidamente ed ampiamente diffondendo è quella del **telelavoro**.

Il **telelavoro** può essere definito come una forma di lavoro indipendente dall'ubicazione geografica dell'ufficio o dell'azienda. Questo **riduce il pendolarismo** del lavoratore poiché può lavorare direttamente da casa. Il telelavoro è possibile grazie all'impiego di supporti informatici e telematici e si estende sia ai lavoratori dipendenti che a quelli autonomi, e riguarda una larga fascia di professioni o lavori.

Il vantaggio principale che ne deriva per il lavoratore è una **maggiore libertà e flessibilità**, che si traduce in termini di risparmio di tempo e orario flessibile. C'e' anche un vantaggio per le aziende in termini di **riduzione degli spazi aziendali**.

Gli svantaggi del lavoro a distanza, invece, potrebbero essere riassumibili nella evidente **restrizione dei contatti sociali** e nella **maggiore difficoltà di comunicazione** fra dipendente e datore di lavoro oltre che una minore importanza del lavoro di gruppo.

1.4.2 Comunicazione

1.4.2.1 "Posta elettronica" (e-mail).

La posta elettronica è il servizio di internet più utilizzato ed è oramai uno strumento di comunicazione indispensabile per milioni di persone. Tramite la posta elettronica, infatti, è possibile inviare rapidamente messaggi ad ogni utente di internet ovunque egli si trovi, allegando al messaggio qualsiasi tipo di documentazione (testo, immagine, musica, video). Inoltre l'e-mail non richiede la disponibilità immediata del ricevente, il quale può controllare la propria posta in un qualsiasi momento successivo alla data di invio.

Il funzionamento della posta elettronica è relativamente semplice: il provider (la società che fornisce il servizio di accesso ad Internet) fornisce all'utente una casella di posta elettronica personale (detta *mail box*), dalla quale è possibile inviare e/o ricevere dei messaggi.

Ogni casella e-mail ha un indirizzo specifico, composto nel seguente modo: **utente@dominio.it** dove :
- il carattere **@**, chiamato comunemente *chiocciola*, separa il nome dell'utente dall'identificativo del *provider* ed
- **it** è l'identificativo del paese d'origine (in questo esempio l'Italia).

Per usare la posta elettronica sono necessari:
- un computer;
- un modem o una scheda di rete digitale;
- un software che gestisca la posta elettronica, come ad esempio Outlook Express;
- un collegamento ad Internet (rete telefonica, rete aziendale, ecc.);
- una casella e-mail presso un provider con relativi nomeutente e password.

I protocolli utilizzati nello scambio della posta elettronica sono:
- **SMTP** (Simple Mail Transfer Protocol) per l'invio dei messaggi;
- **POP3** (Post Office Protocol) per la ricezione dei messaggi (in alternativa alcuni provider utilizzano il protocollo **IMAP** – Internet Message Access Protocol).

1.4.2.2 Messaggistica Istantanea (IM, Instant Message)

Il sistema di **messaggistica istantanea** è un sistema di comunicazione solitamente client-server per computer che consente di scambiare in tempo reale, fra utenti di due o più computer connessi in rete, frasi e brevi testi. È differente dalla e-mail perché lo scambio è istantaneo, ed è più evoluto del suo predecessore perché le frasi compaiono istantaneamente e non lettera per lettera: inoltre, spesso vengono offerti anche altri servizi oltre al semplice invio di messaggi.

1.4.2.3 Voice on Internet Protocol (VoIP)

Con il termine Voice over IP (Voce tramite protocollo Internet), acronimo VoIP, si intende una tecnologia che rende possibile effettuare una conversazione telefonica sfruttando una connessione Internet o una qualsiasi altra rete dedicata a commutazione di pacchetto che utilizzi il protocollo IP senza connessione per il trasporto dati.

Più specificamente con VoIP si intende l'insieme dei protocolli di comunicazione di strato applicativo che rendono possibile tale tipo di comunicazione. Grazie a numerosi provider VoIP è possibile effettuare telefonate anche verso la rete telefonica tradizionale (PSTN). In realtà più in generale VoIP consente una comunicazione audio-video real-time, unicast o multicast, su rete a pacchetto (es. videotelefonata e videoconferenza).

1.4.2.4 Feed RSS " (Really Simple Syndication feed).

Il *web feed*, o *feed*, in italiano **flusso**, è un'unità di informazioni formattata secondo specifiche (di genesi XML) stabilite precedentemente. Ciò per rendere interoperabile ed interscambiabile il contenuto fra le diverse applicazioni o piattaforme. Il più comune è ora **Atom**; il primo è stato **RSS**.

Un flusso è usato per fornire agli utenti una serie di contenuti aggiornati di frequente. I distributori del contenuto rendono disponibile il feed e consentono agli utenti di iscriversi.

L'uso principale dei feed attualmente è legato alla possibilità di creare informazioni di qualunque tipo che un utente potrà vedere molto comodamente, con l'aiuto di un lettore apposito, nella stessa pagina, nella stessa finestra, senza dover andare ogni volta nel sito principale.

I feed RSS dunque vengono utilizzati per :

- Vedere le novità dei siti a cui si è abbonati, senza dover accedere direttamente ai siti;
- Inserire le notizie all'interno del sito dell'utente.

I siti che forniscono questo servizio sono di varia natura, generalmente sono aziende , giornali, associazioni.

Il web feed presenta alcuni vantaggi, se paragonato al ricevere contenuti aggiornati frequentemente tramite posta elettronica:

- Nell'iscrizione a un flusso, gli utenti non rivelano il loro indirizzo di posta elettronica. In questo modo non si espongono alle minacce tipiche dell'email: lo spam, i virus, il phishing, ed il furto di identità;
- Se gli utenti vogliono interrompere la ricezione di notizie, non devono inviare richieste del tipo "annulla la sottoscrizione"; basta che rimuovano il feed dal loro aggregatore.

1.4.2.5 I Blog".

Un **blog** è un sito web, generalmente gestito da una persona o da un ente, in cui l'autore (blogger o blogghista) pubblica più o meno periodicamente, come in una sorta di diario online, i propri pensieri, opinioni, riflessioni, considerazioni ed altro, assieme, eventualmente, ad altre tipologie di materiale elettronico come immagini o video.

1.4.2.6 Comprendere il termine "podcast".

Il **podcasting** è un sistema che permette di scaricare in modo automatico documenti, detti **podcast**, comunemente in formato audio o video, utilizzando un programma ("client"), generalmente gratuito, chiamato aggregatore o feed reader. Un protocollo feed molto diffuso, come abbiamo visto , è il feed RSS.

Nel linguaggio comune podcast è utilizzato anche per definire la radio in rete. Sono numerosi i siti che permettono di ascoltare file audio di artisti partendo dal titolo di un brano. Vengono create delle playlist di artisti correlati in base alle selezioni degli utenti.

1.4.3 Comunità virtuali

1.4.3.1 Comunità virtuali di rete. Reti sociali (social networking), forum Internet, chat room, e giochi informatici in rete.

Una **comunità virtuale** o **comunità online** è, nell'accezione comune del termine, un insieme di persone interessate ad un determinato argomento, o con un approccio comune alla vita di relazione, che corrispondono tra loro attraverso una rete telematica, oggigiorno in prevalenza Internet, e le reti di telefonia, costituendo una rete sociale con caratteristiche peculiari.

Infatti tale aggregazione non è necessariamente vincolata al luogo o paese di provenienza; essendo infatti questa una comunità online, chiunque può partecipare ovunque si trovi con un semplice accesso alle reti, lasciando messaggi su forum (Bullettin Board), partecipando a gruppi Usenet (Newsgroups o gruppi di discussione), o attraverso le chat room (Chiacchierate in linea) e programmi di instant messaging (messaggistica istantanea) come ICQ, ebuddy, Pidgin, MSN Messenger, Yahoo! Messenger, e altri.
Una comunità virtuale può rimanere unicamente tale, oppure estendersi nel mondo fisico, permettendo l'incontro dei suoi appartenenti.

Una **rete sociale** (in inglese **social network**) consiste di un qualsiasi gruppo di individui connessi tra loro da diversi legami sociali. Per gli esseri umani i legami vanno dalla conoscenza casuale, ai rapporti di lavoro, ai vincoli familiari.

La diffusione del web e del termine social network ha creato negli ultimi anni alcune ambiguità di significato. La rete sociale è infatti storicamente, in primo luogo, una rete fisica mentre in internet sono delle reti sociali virtuali.

In Internet le reti sociali (Social media) sono delle forme evolute di comunicazione in rete. La rete delle relazioni sociali che ciascuno di noi tesse ogni giorno, in maniera più o meno casuale, nei vari ambiti della nostra vita, si può così "materializzare", organizzare in una "mappa" consultabile, e arricchire di nuovi contatti.I principali social network piu usati al mondo troviamo: **Facebook** e **Twitter**.

La parola **forum** è utilizzata in italiano per indicare l'insieme delle sezioni di discussione in una piattaforma informatica

Una comunità virtuale si sviluppa spesso intorno ai forum, nel quale scrivono utenti abituali con interessi comuni. I forum vengono utilizzati anche come strumento di assistenza online e all'interno di aziende per mettere in comunicazione i dipendenti e permettere loro di reperire informazioni.

Ci si riferisce comunemente ai forum anche con termini e locuzioni in lingua inglese come: *board, message board, bulletin board* oppure *"gruppi di discussione"*, *"bacheche"* e altri.

Molti forum richiedono la registrazione dell'utente prima di poter inviare messaggi e in alcuni casi anche per poterli leggere. Diversamente dalla **chat** (in inglese, letteralmente, "chiacchierata"), che è uno strumento di comunicazione sincrono, ovvero nel quale la comunicazione avviene nello stesso momento, il forum è asincrono, in quanto la scrittura e la risposta può avvenire in momenti diversi.

Il termine chat, viene usato per riferirsi a un'ampia gamma di servizi sia telefonici che via Internet; ovvero, complessivamente, quelli che i paesi di lingua inglese distinguono di solito con l'espressione online chat ("chat in linea"). Questi servizi, anche piuttosto diversi fra loro, hanno tutti in comune due elementi fondamentali: il fatto che il dialogo avvenga in tempo reale, e il fatto che il servizio possa mettere facilmente in contatto perfetti sconosciuti, generalmente in forma essenzialmente anonima. Il "luogo" (lo spazio virtuale) in cui la chat si svolge è chiamato solitamente chatroom (letteralmente "stanza delle chiacchierate"), detto anche channel (in italiano canale), spesso abbreviato chan.

Fra gli informatici, il servizio di chat con la storia e la tradizione più importanti è certamente la Internet Relay Chat (IRC) , un tempo unico servizio di chat su Internet,, fondamentalmente basata sullo scambio di messaggi testuali.

Un **gioco in rete** invece è un videogioco utilizzato da più utenti contemporaneamente attraverso la rete internet.

1.4.3.2 Pubblicare e condividere materiale su Internet: blog, podcast, foto, clip video e clip audio.

Oggi chiunque con pochissime conoscenze informatiche , può creare un proprio spazio su internet grazie a molti servizi on line gratuiti . Creare un blog è semplice , non serve alcuna conoscenza di programmazione, se ne trovano di già preconfezionati su molti siti e portali, è sufficiente personalizzare alcune caratteristiche e in pochi minuti si è in rete con un proprio "diario".
Si potrà così iniziare a condividere le proprie foto , i video, le opinioni , i pensieri e le fantasie. Per quelli più esperti è possibile creare dei feed RSS di cui abbiamo parlato per rendere sempre pronte le novità sul proprio sito / blog o addirittura creare dei file podcast per permettere di scaricare ai propri affezionati i file che si vogliono condividere in rete.

1.4.3.3 Precauzioni per l'accesso alle comunità virtuali.Entrare a

far parte di queste comunità virtuali comporta alcuni rischi, come spesso accade su internet. Tuttavia alcune semplici regole tecniche e comportamentali ci possono evitare delle brutte esperienze.
Alcuni software permettono di limitare la consultazione del proprio profilo solo a chi è autorizzato dall'utente, evitando che i nostri dati personali possano essere liberamente alla portata di tutti. Tuttavia è consigliabile fornire i dati personali muinimi indispensabili per l'iscrizione , per prevenire qualsiasi forma di abuso di tali dati.
Tutto ciò che scriviamo in questi siti , pur bewn protetti, è alla mercè di abili malintenzionati, è quindi buona norma prestare attenzione alle persone con cui parliamo e a eventuali strane richieste che possano in qualche modo far risalire ai nostri dati sensibili.

1.4.4 Tutela della salute

1.4.4.1 Ergonomia.

L'**ergonomia** (dal greco **ergos** = *lavoro* e **nomos** = *controllo*) è una disciplina che persegue la progettazione di prodotti, ambienti e servizi adatti alle necessità dell'utente, migliorando la sicurezza, la salute, il comfort, il benessere e la prestazione umana. Si tratta di una scienza interdisciplinare che coinvolge l'anatomia, l'ingegneria, la biologia, la fisiologia, la psicologia, l'ambiente di lavoro, ecc. Il suo obiettivo (sancito dal **decreto legge 626/94)** è di stabilire le soluzioni in grado di tutelare la salute del lavoratore, nella sua interazione con le macchine e l'ambiente, e di conseguenza accrescere l'efficienza e la sicurezza sul posto di lavoro, garantendo quindi l'integrità fisica e psicologica del lavoratore e potenziandone le capacità operative.

Gli studi sull'ergonomia del posto di lavoro sostengono che:
- lo schermo deve consentire una facile lettura e deve essere orientabile a seconda delle esigenze dell'utente, deve avere uno schermo filtrante e posizionato a circa 60 cm dall'occhio;
- la tastiera deve essere inclinabile e distante dallo schermo;
- il mouse deve essere vicino all'utente e deve essere poggiato su un tappetino;
- il tavolo di lavoro deve essere abbastanza grande da permettere all'utente di appoggiarci le braccia;
- la sedia deve essere regolabile e deve avere un appoggio a cinque razze munite di rotelle per essere spostata facilmente.

È molto importante, inoltre, rispettare le pause all'interno dell'orario lavorativo: è necessario circa un quarto d'ora ogni due ore.

1.4.4.2 Illuminazione durante l'uso del computer.

Molto importante è il tipo di illuminazione che si sfrutta durante l'utilizzo del computer. Premettiamo che sarebbe molto meglio efficace utilizzare la luce naturale, magari posizionando il PC in modo che la luce entri da sinistra, e proteggendone l'intensità con delle tende in modo da evitare fastidiosi riflessi sul monitor. <in caso di luce artificiale è necessario sapere che:
- la luce non deve essere troppo intensa;
- deve provenire preferibilmente da sinistra;
- è fondamentale inclinare il monitor affinchè si possano eliminare eventuali riflessi.

1.4.4.3 Posizione corrette nell'uso del computer.

Quando si acquista un PC è importante sapere come e dove collocare i componenti affinchè questi possano essere funzionali e non dannosi per la nostra salute. Di seguito elenchiamo i componenti ed il loro corretto utilizzo:

- **La scrivania**: assicurarsi che questa sia ben solida e che possa sopportare il peso del PC la misura ideale è 160 cm di lunghezza per 80 cm di larghezza.
- **La tastiera**: deve essere posizionata davanti al monitor in modo da evitare torsioni del collo per vedere lo schermo.
- **Il monitor** deve essere collocato frontalmente a una distanza dagli occhi compresa fra i 50 e gli 80 cm, verificando che non vi siano riflessi. E' importante evitare di regolare intensità e luminosità al massimo ma tenerli su colori tenui e riposanti.
- **La sedia**: deve necessariamente essere regolabile in altezza, provvista di braccioli e anche lo schienale deve essere regolabile, per consentire di posizionarsi davanti al computer mantenendo la schiena eretta. Non è fondamentale che la sedia sia girevole ma questo vi permetterà di evitare inutili torsioni.

1.4.4.4 Regole per il proprio benessere nell'uso del computer.

Quando sedete al computer è necessario applicare piccoli accorgimenti affinchè il nostro corpo non si affatichi inutilmente:

- stirate regolarmente i muscoli della schiena , del collo, delle braccia e delle gambe (è utile alzarsi e fare una piccola passeggiata);
- Ogni 10 minuti distogliere lo sguardo dal monitor e indirizzarlo su altri oggetti;
- pulite frequentemente lo schermo per evitare inutili affaticamenti alla vista;
- chiudete e aprite le palpebre spesso per favorire la lacrimazione

1.4.5 Ambiente

Possiamo aiutare l'ambiente, risorsa preziosa della nostra società, tramite il riciclo di materiali ed il risparmio energetico.

1.4.5.1 Riciclo dei materiali.

Sapere che esiste la possibilità di riciclare i componenti dei computer, le cartucce di stampa e la carta.

Bisogna sapere che esiste la possibilità di riciclare i componenti dei computer come le cartucce vecchie che possono essere ricaricate e possiamo risparmiare carta utilizzando i fogli riciclati.

1.4.5.2 Risparmio energetico.

I computer moderni ormai hanno tutti delle opzioni che ci permettono di effettuare un risparmio energetico di un computer. In caso di pause prolungate possiamo attivare alcune delle impostazioni che automaticamente permettono di :

- spegnere lo schermo
- sospendere il computer
- spegnere il computer
- passaggio in stato di attesa delle stampanti

1.5 Sicurezza

L'espressione sicurezza nei sistemi informatici fa riferimento alle tecniche atte a far sì che i dati memorizzati in un computer non possano essere letti o violati da terzi non direttamente interessati. Un'azienda attenta alla sicurezza informatica dovrà adottare una politica di protezione dei dati aziendali e dovrà inoltre istruire i dipendenti sulle procedure di emergenza da applicare nel caso di violazioni alla politica di sicurezza.

1.5.1 Identità e autenticazione

1.5.1.1 Sicurezza dell'accesso e dell' identificazione al computer: nome utente (ID) e password.

Tra le principali misure di sicurezza ricordiamo:
L'utilizzo di password o parole chiave, ossia codici segreti per l'identificazione e l'accesso di un utente alla rete o ad un sistema protetto.
Per accedere alle informazioni protette da password occorre inserire un identificativo dell'utente ed una password che verifica che tale identificativo viene utilizzato solamente dal suo assegnatario.

1.5.1.2 Politiche per la scelta delle password:, sceglierle di lunghezza adeguata, e fare in modo che contengano una combinazione adeguata di lettere e numeri.

Per una maggior sicurezza la password dovrebbe avere i seguenti requisiti:
*   evitare di condividere la password con altri utenti;
*   essere tenuta segreta e sostituita spesso (più o meno ogni tre mesi);
*   non essere facilmente intuibile da parte di chi ci conosce e con una lunghezza adeguata;
*   non essere una parola di uso comune né, possibilmente, una parola del vocabolario ma una combinazione adeguata di lettere e numeri;

Le migliori password sono costituite da una sequenza alternata di numeri, lettere maiuscole e minuscole e simboli di punteggiatura.

1.5.2 Sicurezza dei dati

È buona regola tutelare i nostri dati da eventuali danni fortuiti, incidenti o manomissioni che ne potrebbero causare la perdita.

1.5.2.1 Copia di sicurezza remota dei dati.

Uno dei principali accorgimenti da rispettare per la salvaguardia dei dati è quello di tutelarsi da una possibile rottura o smagnetizzazione dell'hard disk o degli altri dispositivi di memoria o dalla cancellazione involontaria di file o cartelle.

Per evitare questi problemi è opportuno effettuare periodicamente un **backup**, ovvero una copia di riserva dei dati più importanti su un disco, un nastro, un floppy o un CD, per poterli ripristinare in caso di necessità (essendo i dischetti e nastri facilmente deteriorabili, è preferibile salvare i dati su CD-ROM).
Per **ripristino** (restore) si intende il rinvenimento di dati danneggiati o perduti attraverso le copie di backup.
In piccole aziende può essere sufficiente effettuare un backup giornaliero o settimanale, in grandi aziende potrebbe essere invece necessario effettuare il backup più volte al giorno.

1.5.2.2 Firewall.

Un firewall (dall'inglese muro tagliafuoco, muro ignifugo) è un componente passivo di difesa perimetrale di una rete informatica che può anche svolgere funzioni di collegamento tra due o più tronconi di rete e che garantisce dunque una protezione in termini di sicurezza informatica della rete stessa.

Usualmente la rete viene divisa in due sottoreti: una, detta esterna, comprende l'intera Internet mentre l'altra interna, detta **LAN** (Local Area Network), comprende una sezione più o meno grande di un insieme di computer host locali. In alcuni casi è possibile che si crei l'esigenza di creare una terza sottorete detta **DMZ** (o zona demilitarizzata) adatta a contenere quei sistemi che devono essere isolati dalla rete interna, ma che devono comunque essere protetti dal firewall ed essere raggiungibili dall'esterno (server pubblici).

1.5.2.3 Protezione sia dell'accesso che fisica del computer.

Come già spiegato in precedenza, utilizzando un **nome utente** (user name o account) e una **password** permettiamo a qualsiasi programma di identificarci e di e autenticarci , evitando che qualcuno possa accedere ai nostri dati.
E' possibile anche proteggere il PC dal furto fisico, grazie a cavi d'acciaio che passando per apposite piastre fissate sui vari elementi (case, monitor ecc) bloccano il computer a un ancoraggio fisso con lucchetti a chiave o a combinazione

1.5.3 Virus

1.5.3.1 Cos'è un virus.

Un virus è un particolare software che è in grado, una volta eseguito, di infettare altri file e riprodursi facendo copie di se stesso, evitando di essere rilevato dall'utente. I virus possono essere più o meno dannosi per il sistema infettato, ma comportano comunque uno spreco di risorse in termini di utilizzo del processore, della memoria e dello spazio sul disco fisso. Il nome "virus" dipende dal fatto che questi piccoli programmi hanno delle analogie con i virus biologici, ossia come il virus biologico si propaga da persona a persona così il virus informatico si propaga da computer a computer.
Il virus informatico può provocare danni al PC su cui risiede. Un virus può danneggiare a vari livelli il funzionamento dei computer con i quali viene a contatto, colpendo l'hard disk o alcuni programmi eseguibili, cancellando alcuni file che si trovano sull'hard disk o alcune risorse di rete. Proprio per questo motivo è importante non utilizzare floppy disk e CD di provenienza incerta e non scaricare da Internet programmi di origine ignota o sospetta.
- Un computer può essere infettato in diversi modi:
- attraverso file allegati alle e-mail;
- scaricando programmi da Internet;
- utilizzando floppy o CD infetti.

I virus possono essere *benigni* o *maligni*.
I virus benigni arrecano danni di scarsa rilevanza come:
- mostrare scritte o immagini sullo schermo;
- segnalare falsi malfunzionamenti;
- generare suoni, colori o messaggi;
- cancellare o spostare dei file.

I virus maligni possono causare danni di diversa gravità.

Possiamo classificarli in:
* *file virus*, che attaccano i file eseguibili;
* *boot virus*, che si propagano inserendo una copia di se stessi nel settore di avvio sul disco rigido o sul floppy e che si attivano nel momento dell'accensione del computer;
* *macrovirus*, costruiti con linguaggi di script per le macro (VBA, Visual Basic for Application) e incorporati in file creati con pacchetti di produttività personale (come per esempio i file .doc);
* *network virus*, che utilizzano comandi e protocolli delle reti informatiche.

1.5.3.2 Come i virus penetrano nei computer.

La modalità di diffusione dei virus è varia: ci sono programmi, come i "cavalli di Troia", che sono apparentemente innocui e che invece, una volta eseguiti, effettuano operazioni diverse da quelle per le quali l'utente li aveva lanciati; altri invece, come i worms, sono programmi che utilizzano i servizi di rete per propagarsi da un sistema all'altro e agiscono creando copie di se stessi per poi mettersi in esecuzione.

1.5.3.3 Proteggersi dai virus.

Il migliore "antidoto" per combattere e proteggersi dai virus è scoprirli prima che possano compromettere il funzionamento del sistema. Difendersi dai virus al giorno d'oggi è diventato fondamentale, visto che quotidianamente navighiamo su Internet e riceviamo decine di e-mail.
Alcuni accorgimenti da seguire sono i seguenti:
* non eseguire né installare mai sul proprio PC programmi e software di provenienza sconosciuta;
* non eseguire allegati di e-mail di provenienza nonsicura. Se l'allegato è di tipo .exe, .vbs o .com non eseguirlo a meno di non essere assolutamente certi che non contenga virus;
* usare un programma **antivirus** che riconosca in tempo reale un virus e lo elimini. L'antivirus deve essere **costantemente aggiornato** per riconoscere anche i nuovi virus che giornalmente appaiono sulla rete;
* non aprire messaggi di posta elettronica di mittenti sconosciuti.

1.6 Aspetti giuridici

1.6.1 Diritti di riproduzione

1.6.1.1 Copyright : diritto di riproduzione.

Gli autori di programmi software sono garantiti dalla medesima legge che tutela gli autori di opere letterarie mediante il diritto d'autore, detto copyright. Solo coloro ai quali è attribuito il copyright possono accordare e concedere la diffusione di copie del software. Nonostante la legge, sono molte le persone che riproducono e diffondono software senza prendere in considerazione i diritti d'autore e non tutti sanno che riprodurre, acquistare, vendere o utilizzare copie non autorizzate di programmi è un reato.
Di solito i software, piuttosto che venduti, sono concessi in licenza d'uso. È possibile trovare licenze basate sul numero di macchine su cui il programma può essere usato, altre sul numero di utenti che possono utilizzare il programma.

Il copyright si estende anche a:
* file pubblicati su Internet sotto forma di testi, video, audio, fotografie e grafici;
* opere distribuite sotto forma di floppy disk, CD, zip disk.

1.6.1.2 Software con licenza d'uso regolare.

Generalmente le licenze di software per personal computer permettono di far funzionare il programma soltanto su una macchina, e di effettuare copie del software soltanto come backup di riserva.
Un software regolare deve avere delle caratteristiche ben precise:
* Il **codice del prodotto** è una stringa generalmente alfanumerica indicata sulla confezione, oppure nelle informazioni del software che, una volta in esecuzione, troviamo di solito aprendo il menù indicato con ? o in un menù diversamente specificato dal programma stesso. Serve a individuar in modo univoco il prodotto acquistato.
* Il **Numero di registrazione**, normalmente una stringa alfanumerica, serve per registrare online il software al fine di accedere a servizi supplementari, aggiornamenti e comunicazioni.

- La **licenza del software** non è altro che il contratto con il quale il possessore dei diritti di riproduzione (copyright), stabilisce in quali termini l'acquirente può utilizzare il prodotto e quali doveri ha l'autore nei confronti dell'utente.

1.6.1.3 EULA (End-User License Agreement) o "Contratto con l'utente finale".

E' il contratto che lega il fornitore del programma con l'utente finale. In tale contratto viene indicata la licenza d'uso, i limiti di utilizzo, i limiti di garanzia, i limiti di responsabilità e di esportazione. Nell'ambito informatico tale contratto può essere cartaceo, inserito nella confezione del prodotto o virtuale, da leggere e accettare all'atto dell'installazione. Come piccola nota a margine, va detto che l'impossibilità con tale formula contrattuale di leggere i termini prima dell'acquisto ha ingenerato varie polemiche con conseguenti cause civili

1.6.1.4 Shareware, freeware, software libero.

Il software può essere acquistato come:
- **Shareware**: è un software reso disponibile gratuitamente per un breve periodo di tempo. Alla fine del periodo di fruizione gratuita è necessario pagare una somma in denaro per continuare ad utilizzarlo. Una volta effettuato il pagamento, oltre all'uso del software sono resi disponibili e registrati servizi aggiuntivi di assistenza e aggiornamento. Lo shareware è garantito dai diritti d'autore, non è quindi possibile rivenderlo come proprio. Si può però copiare in modo tale da distribuirlo ad altre persone, che a loro volta dovranno pagare una somma al termine del periodo di prova.
- **Freeware**: è un software distribuito gratuitamente a titolo personale (e quindi non è necessaria la registrazione presso il produttore), ma è coperto dai diritti d'autore.
- **Cardware**: è un software distribuito gratuitamente, per il quale l'autore invita gli utenti ad inviargli una cartolina illustrata come segno di ringraziamento.
- **Public domain**: è un software totalmente gratuito ed utilizzabile da chiunque senza alcun obbligo e limitazione. Questi programmi non hanno nessun autore possono essere eventualmente anche modificati senza alcuna

autorizzazione ed addirittura essere venduti ad altri utenti che non sono a conoscenza della loro gratuità.

1.6.2 Protezione dei dati personali

1.6.2.1 Protezione dei dati personali (privacy).

Nell'ambito della questione sulla privacy e sulla riservatezza dei dati personali si sta andando verso una sempre maggiore garanzia di tutela fornita dall'attenzione degli organi preposti che, attraverso l'emanazione di nuove normative, ne regolano gli standard e le procedure. Il diritto alla privacy è stato messo a punto per i cittadini della Comunità Europea da una direttiva specifica, la 95/46/CE del 24 ottobre 1995: Per la tutela delle persone fisiche con riguardo al trattamento dei dati personali, nonché alla libera circolazione dei dati. Ogni stato membro dell'Unione ha poi recepito tale direttiva traducendola in legge statale. Nel nostro Paese la direttiva è stata recepita con la promulgazione della legge n. 675 del 31/12/1996 e successive, che salvaguardano il diritto alla tutela dei dati personali; la legge prende in considerazione anche l'informatica, in particolare la garanzia dei dati personali che transitano su Internet. Nonostante queste normative, può capitare spesso, navigando su Internet, di fornire involontariamente dati personali che possono essere utilizzati e commercializzati, ad esempio per scopi pubblicitari (il tipo di browser utilizzato, la località dalla quale ci colleghiamo, quali sono i siti che visitiamo maggiormente, ecc.).
Lo scopo principale della legge n. 675/96 è:
*   garantire che il trattamento dei dati personali sia effettuato nel rispetto dei diritti, della libertà e della dignità delle persone fisiche, con particolare riguardo alla riservatezza e all'identità personale;
*   assicurarsi che tutti coloro che detengono o gestiscono dati personali abbiano l'autorizzazione della persona interessata, proteggano i dati riservati e comunichino il motivo per cui i dati sono stati raccolti.

1.6.2.2 Diritti dei soggetti dei dati in Italia.

La legislazione italiana inquadra nel decreto legislativo 196/2003 le regole per la gestione e la protezione dei dati. I soggetti hanno il diritto alla sicurezza che i loro dati siano usati eslusivamente per gli scopi per cui hanno concesso l'autorizzazione e di richiederne la cancellazione.

1.6.2.3 Responsabilità di chi detiene i dati in Italia.

Le aziende devono con tutti i mezzi tecnici a loro disposizione proteggere i dati che archiviano al fine di fornire i loro servizi agli utenti e farne esclusivamente uso per gli scopi a cui l'utente ha aderito.
L'articolo 15 del decreto legislativo n.196/2003, che va a integrarsi alla legge citata al punto precdente, recita: << Chiunque cagiona danno agli altri per effetto del trattamento di dati personali è tenuto al risarcimento ai sensi dell'art.2050 del codice civile>>.